Hab keine Angst vorm Leben

Impressum

Coverdesign von: Caboom GesbR, https://www.caboom.at
Satz & Layout von: Office Fairy Büromanagement

Verlagslabel: Womansphere, www.womansphere.ch
Druck und Distribution im Auftrag des Verlags:
Womansphere, Mitteldorf 6, 5108 Oberflachs, Switzerland

Vorwort

Liebe Leserinnen und Leser,

es ist mir eine große Ehre und Freude, euch das Buch ‚Hab keine Angst vorm Leben' präsentieren zu dürfen. Dieses Projekt liegt mir besonders am Herzen, denn es ist nicht nur eine Sammlung inspirierender Kurzgeschichten, sondern auch ein Zeugnis der unerschütterlichen Kraft und des Mutes von Frauen, die trotz aller Widrigkeiten ihren Weg gegangen sind.

Mein Name ist Noëmi Caruso, und ich habe die Ehre, als Herausgeberin dieses Buches zu fungieren. Meine eigene Reise war geprägt von Krankheit und vielen Herausforderungen, die mich oft an meine Grenzen brachten. Doch gerade diese Erfahrungen haben mir gezeigt, wie wichtig es ist, nie den Glauben an sich selbst und an das Leben zu verlieren.

Während der Entstehung dieses Buches habe ich unglaublich viele wundervolle Frauen kennengelernt, die alle ihre einzigartigen Geschichten mit uns teilen. Jede dieser Frauen hat Hindernisse überwunden, sich ihren Ängsten gestellt und gezeigt, was es bedeutet, mutig zu sein. Ihre Geschichten sind kraftvolle Zeugnisse der Stärke und Resilienz, die in jeder von uns steckt.

Die Arbeit an diesem Buch war nicht immer leicht. Es gab Momente, in denen meine Krankheit mich an den Rand der Erschöpfung brachte und ich an mir selbst zweifelte. Doch die Geschichten dieser mutigen Frauen gaben mir immer wieder neuen Antrieb und inspirierten mich, weiterzumachen. Sie erinnerten mich daran, dass es sich lohnt, für seine Träume zu kämpfen und dass wir alle die Fähigkeit haben, unser Schicksal zu gestalten, auch wenn es manchmal scheint, als sei alles gegen uns.

‚Hab keine Angst vorm Leben' ist mehr als nur ein Buch – es ist ein Leuchtfeuer der Hoffnung und des Mutes. Es zeigt, dass wir alle die Kraft in uns tragen, unsere Ängste zu überwinden und Großes zu erreichen. Es ist mein aufrichtiger Wunsch, dass dieses Buch euch inspiriert, ermutigt und euch daran erinnert, dass ihr nicht allein seid.

Ich danke den wunderbaren Autorinnen, die ihre Geschichten mit uns teilen, und ich danke euch, liebe Leserinnen und Leser, dass ihr euch auf diese Reise einlasst. Mögen die Geschichten in diesem Buch euch so sehr bereichern und inspirieren, wie sie es bei mir getan haben.

Mit tiefster Dankbarkeit und Herzlichkeit,

Noëmi Caruso
Herausgeberin

STEPHANIE SARTOR

YOGALEHRERIN

© Foto: Claudia Berard

Ich bin in Liechtenstein aufgewachsen und habe nach meinem Wirtschaftsstudium im HR Bereich gearbeitet. Meine Leidenschaft für Yoga begleitet mich schon mehrere Jahre und wurde immer grösser, sodass ich schlussendlich die Yogalehrerausbildung absolvierte. Durch meine eigene Reise in die Persönlichkeitsentwicklung inspiriert, wuchs mein Anliegen, Menschen für Yoga zu begeistern und mit den Themen Achtsamkeit und Selbstliebe zu verknüpfen. Anfang 2023 nahm ich all meinen Mut zusammen und wagte den Sprung in die Selbständigkeit. Es ist mein Herzenswunsch Menschen durch Yoga auf ihrem Weg zu mehr Gelassenheit und Selbstakzeptanz zu begleiten.

Mehr über mich und meine Arbeit unter
www.mindfulliving.li/

Durch Yoga zu mehr Selbstliebe und durch Selbstliebe zu einem neuen Leben

von Stephanie Sartor

Durch Dankbarkeit zu einem positiven Mindset
Ich war schon immer ein sehr positiv eingestellter Mensch. Ich sehe das Potenzial und die Hoffnung in einer Situation, nicht die Fehler oder das Scheitern. Durch meine positive Einstellung habe ich gelernt, flexibler auf Situationen zu reagieren und sie gelassener anzugehen. Dabei ist Sicherheit und tiefes Vertrauen in mich besonders wichtig. Dies ist ein langer und intensiver Prozess, welcher noch lange nicht abgeschlossen ist.

Ich erlaube mir, mich stetig weiterzuentwickeln und lerne immer noch dazu. Wenn etwas nicht so läuft, wie ich es gerne hätte oder wie ich es mir vorstellt habe, dann versuche ich dennoch, etwas Positives aus der Situation herauszuziehen. Was konnte ich daraus lernen? Wieso fühle ich mich jetzt so, wie ich mich fühle? Was steckt dahinter? Und ich sage mir, dass, wenn das nicht funktioniert, etwas Besseres auf mich wartet. Alles hat einen Grund und ich vertraue darauf, dass ich alles bekomme, was ich gerade brauche. Diese Einstellung setzt tiefes Vertrauen in dich voraus. Wie sehr kannst du dir vertrauen?

Ich möchte aber auch ehrlich mit dir sein: Es ist nicht immer einfach, alles von der positiven Seite zu sehen. Auch ich bin oft frustriert und wütend, wenn etwas nicht so klappt, wie ich es mir vorgestellt habe. Dann finde ich es besonders wichtig, seinen Gefühlen freien Lauf zu lassen und sie nicht verstecken zu wollen. Dir die Erlaubnis zu geben, alles zu fühlen, was gerade gefühlt werden will. Es hat einen Grund, warum du dich gerade so fühlst. Diese Reaktionen sind absolut normal und auch notwendig, damit dein Körper sich besser regulieren kann. Wenn du deine Emotionen zurückhältst und unterdrückst, werden sich die Gefühle in dir aufstauen und es wird immer schwieriger, diese Gefühle zu kontrollieren. Lass es zu, deine Gefühle zu fühlen und durch diese Emotionen zu gehen. Du wirst merken, wie gelöst und erleichtert es sich anfühlt, wenn du deine Gefühle nicht zurückhältst und ihnen stattdessen Raum gibt. Wenn diese erste Phase der Frustration vorbei ist, kannst du auch klarer denken und dich neutraler mit der Situation befassen.

Was mir besonders geholfen hat und immer noch hilft, meine positive Einstellung aufrecht zu erhalten, ist, Dankbarkeit so oft wie möglich zu spüren. Das Gefühl der Dankbarkeit ist besonders stark und trägt eine hohe Energie in sich. Durch Dankbarkeit stärkst du deine Verbindung zu dir selbst sowie dein Selbstvertrauen und deine Selbstliebe. Versuche, Dankbarkeit mehr in deinen Alltag zu integrieren. Ich konzentriere mich vor allem auch auf die kleinen Dinge, welche unscheinbar sind, aber in mir dennoch ein tiefes Gefühl der Dankbarkeit auslösen. Die Tasse Kaffee am Morgen, die Umarmung von meinem Mann, die Sonnenstrahlen auf meiner Haut oder die Sicherheit und Geborgenheit jeden Tag spüren zu dürfen. Wir nehmen vieles als zu selbstverständlich hin und nehmen an, dass es uns zusteht. Doch dabei ist das ganze Leben ein Wunder, ein Geschenk, für welches wir nicht dankbar genug sein dürfen. Ich ertappe mich häufig am Abend auf dem Balkon stehend und auf die Berge blickend, die Sonne geht langsam unter, das goldige Licht reflektiert mein Gesicht und eine leichte Brise weht durch meine Haare. In diesen Momenten empfinde ich eine so große Dankbarkeit, dies jeden Tag erleben zu dürfen.

Mit täglichen Dankbarkeitsritualen integrierst du dieses Gefühl ganz leicht in deinen Alltag und dadurch wird dein Körper regelmäßig von diesem Gefühl durchflutet. Dadurch kann sich deine Einstellung langsam verändern und du wirst Situationen positiver betrachten.

Das Leben ist zu kurz für irgendwann

Was hält dich davon ab, dein Leben in vollen Zügen zu genießen? Bei mir waren es vor allem die Erwartungen anderer und auch die Erwartungen an mich selbst. Wie kann ich es allen recht machen und mich dabei nicht selbst verlieren?

Was ich gelernt habe, ist, dass ich mir den Druck vor allem selbst mache. Oft denken wir, dass wir wissen, was von uns erwartet wird, dabei ist es meist nur unser Verstand, welcher uns immer die gleichen Geschichten erzählt. Du musst noch das erreichen, um glücklich zu sein. Du musst noch dies und das umsetzen, bevor du erfolgreich bist. Erst wenn du so und so aussiehst, wirst du geliebt. Dieser innere Druck hält dich davon ab, DEIN Leben nach deinen Vorstellungen und Wünschen zu leben. Du bist so damit beschäftigt, dein "perfektes" Bild nach außen aufrecht zu erhalten, dass du vergisst, was du wirklich möchtest. Auch ich kenne das. Mir war wichtig, was andere über mich denken. Ich wollte nicht negativ auffallen und vor allem nicht im Mittelpunkt stehen. Die Wirkung nach außen war stets in meinem Hinterkopf. Ecke ich an? Erfülle ich die Erwartungen, die an mich gestellt wurden? Wie werde ich wahrgenommen? Diese Fragen setzen dich unter Druck. Erlauben dir, nicht intuitiv zu handeln.

Die Lösung war für mich, die Verbindung zu meinem Innersten zu entdecken und dann auch zu stärken. Die Verbindung zu deinem Herzen zeigt dir auf, wer du bist und wer du nicht bist. Wenn du daraus entscheidest und handelst, dann brauchst du keine Bestätigung von außen mehr. Dann bist du sicher in dir und die Reaktionen von außen können dir nichts anhaben. Es geht nicht darum, alles perfekt machen zu müssen, sondern Entscheidungen zu treffen und so zu handeln, dass es für dich stimmt. Lerne, dir zu vertrauen und auf deine Intuition zu hören. Dies ist der erste Schritt.

Vor allem in unserer heutigen Gesellschaft, in der wir tagtäglich vor Augen geführt bekommen, was von uns erwartet wird, wird der Ausbruch daraus immer schwerer. Es fühlt sich fast schon rebellisch an, sein Leben in die eigenen Hände zu nehmen und sich nicht beeinflussen zu lassen. Dabei gibt es nur diesen Weg, seine eigene Wahrheit zu leben und für seine Träume zu kämpfen.

Ich habe gelernt, dass ich mit jeder Erfahrung, ob positiv oder negativ, ein Stückchen näher zu meinem wahren Selbst finde. Diese Erfahrungen bringen dich weiter und lassen dich erkennen, wer du wirklich bist. Besonders hilfreich finde ich, wenn wir uns Zeit nehmen, diese Erfahrungen zu reflektieren und daraus zu lernen, mögen sie auch noch so schmerzvoll sein. Wenn du dir erlaubst, dahinter zu blicken, kannst du so viel daraus mitnehmen und in deinen Erfahrungsschatz einbauen.

Das Leben geschieht jetzt, in jeder Sekunde, in jedem Moment. Wenn du diese damit verbringst, dich zu fragen, was andere über dich denken oder was von dir erwartet wird, lässt du wertvolle Lebenszeit vergehen, ohne sie wirklich genutzt zu haben. Frage dich lieber: Was macht dich jetzt glücklich? Was möchtest du in diesem Moment erleben? Was bereitet dir Freude? Wie möchtest du deine kostbare Zeit nutzen?

Mit diesen Fragen erkennst du, was dein Herz möchte. Jemand hat mal zu mir gesagt: „Wenn dich etwas begeistert, dann kommt es höchstwahrscheinlich von deinem Herzen. Wenn du ein Kribbeln spürst, die Vorfreude wahrnehmen kannst, dann bist du auf dem richtigen Weg. Lebe für dich und nicht für andere, und lass dich nicht von deinem Weg abbringen. Denn nur du weißt, was für dich richtig ist."

Wie dich Körperbewusstsein auf deiner Reise zu dir selbst unterstützt

Dein Körper ist einzigartig. Perfekt auf seine ganz spezielle Weise. Nur für dich gemacht. Doch gerade Frauen kämpfen häufiger gegen ihren Körper als mit ihm. Jeden Tag sehen wir Fotos, Videos, Werbekampagnen, etc. mit scheinbar perfekten Körpern. Sie vermitteln uns, wie wir aussehen müssen, um erfolgreich, geliebt und anerkannt zu werden. Dieses Bild begleitet uns von klein auf und wird uns unseren Köpfen unbewusst abgespeichert. Wenn wir uns im Spiegel betrachten, ist da immer dieses "perfekte" Vorbild in unserem Hinterkopf, mit dem wir uns vergleichen. Wir sehen vor allem unsere scheinbaren Makel und verlieren uns darin. In uns wächst dieser Druck, auch so aussehen zu wollen, denn wir wollen ja alle erfolgreich, geliebt und anerkannt werden. So beginnt der innere und äußere Kampf gegen unseren Körper.

Ich möchte dir hier meine Geschichte erzählen, wie ich aus diesem Kampf ausgestiegen bin und wie ich meinen Körper lieben gelernt habe. Ich war immer normalgewichtig und schon immer recht sportlich. Schon früh habe ich mich für Ernährung und einen gesunden Lebensstil interessiert. Nicht, weil ich abnehmen wollte oder mich nicht wohlgefühlt habe in meinen Körper, sondern weil ich die Themen spannend und faszinierend fand. Mir war schon recht früh bewusst, dass wenn ich mich gesund ernähre und mich regelmäßig bewege, ich mir und meinem Körper etwas Gutes tue. Ich wollte gesund sein und meinem Körper dabei so gut es geht unterstützen. Die Ernährung war nie mein Problem. Ich finde gesunde Ernährung richtig lecker und muss mich nie zwingen, gesund zu essen. In meiner Studienzeit habe ich etwas weniger Sport getrieben und gegessen, auf was ich Lust hatte. Ich dachte, ich wäre zufrieden mit meinem Körper. Ich bin schlank und niemand hat jemals etwas Negatives über meinen Körper gesagt. Doch irgendwie hat es sich doch nicht ganz richtig angefühlt. Ich spürte eine gewisse Trennung zu meinem Körper. Etwas, was mich davon abhielt, ihn so zu lieben, wie er ist.

Rückblickend habe ich herausgefunden, dass mir eine wichtige Komponente fehlte: die mentale Komponente. Ich habe mir immer eingeredet, dass doch alles gut ist und ich zufrieden sein kann. Erst später konnte ich zuordnen, was es war. Ich hatte dieses "perfekte" Körperbild noch in meinem Kopf und dieses hat unbewusst Signale gesendet. Ich hatte Phasen, in denen ich fast jeden Tag Sport trieb. Von meinem Verstand aus ging es darum, meinen Körper gesund zu halten, doch nun weiß ich, dass ich diesem Bild näherkommen wollte. Ich manipulierte mich selbst, ohne es zu wissen.

Der Schlüsselmoment war für mich während einer Yogaeinheit, welche ich zuhause mit einem YouTube-Video machte. Am Schluss dieser Yogasequenz sagte die Yogalehrerin, dass wir uns selbst in den Arm nehmen sollten und dankbar sein sollen für das, was wir da gerade in unseren Händen halten. Und in diesem Moment wurde mir so vieles klar. Ich spürte eine so große Dankbarkeit meinem Körper gegenüber. Wut, Ärger, Erleichterung und Freude strömten durch meinen Körper. Ich war wütend über mich, dass ich mich selbst angelogen habe. Ich ärgerte mich über mich selbst, dass ich mir es erlaubt habe, meinen Körper nicht so anzunehmen, wie er es eigentlich verdient hatte. Ich war erleichtert, dass ich nun endlich meinen Körper lieben konnte. Ich spürte unendliche Freude, diese Erkenntnis gewonnen zu haben. Diese Selbstumarmung hat mir gezeigt, wie wertvoll mein Körper ist und wie dankbar ich für ihn sein kann. Yoga hat mich unterstützt, genau hinzuhören, auf mein Herz und meinen Körper.

Seit diesem Tag bin ich jeden Tag dankbar für meinen für mich perfekten Körper und bin stolz, ihn mein Zuhause nenne zu dürfen. Ich höre seither viel mehr auf meinen Körper und seine Signale. Ich treibe Sport, weil es mich glücklich macht und ich merke, wie es meinem Körper guttut. Ich esse, was mir guttut und achte darauf, welche Lebensmittel mein Körper gut verträgt und welche nicht. Ich gönne mir alles, auf was ich Lust habe, und habe kein schlechtes Gewissen dabei, denn ich weiß, ich kann mich auf meinen Körper verlassen. Wir sind ein eingespieltes Team und ich könnte nicht glücklicher sein, in ihm zu leben.

Seither hat Yoga für mich einen großen Stellenwert eingenommen. So groß, dass ich jetzt selbstständige Yogalehrerin bin und ich die Kraft des Yogas an so viele Menschen wie mögliche weitergeben möchte.

Von der Idee der Selbstständigkeit zum ersten Schritt

Mitte 2020 hat mich die weltweite Pandemie dazu verleitet, über mein Leben und meine Träume zu reflektieren. Die Idee der Selbstständigkeit war schon immer in meinem Hinterkopf, doch nie wirklich konkret. Ich dachte während dieser Zeit öfter darüber nach, was es sein könnte, mit dem ich mit selbstständig machen möchte.

Und eines Tages war sie da, wie aus dem Nichts, die Idee, meine Leidenschaft für Ernährung in die Tat umzusetzen. Ernährung hat mich schon sehr früh stark interessiert und ich LIEBE Essen. Ich war Feuer und Flamme. Mir war klar, dass ich keine Ernährungsberaterin im klassischen Sinn werden möchte, mit Ernährungsplänen und Abnehmzielen. Denn aus eigener Erfahrung wusste ich, dass da viel mehr dazu gehört. Die Ausbildung war sehr interessant und die Inhalte tief und fundiert. Ich schloss die Ausbildung innerhalb von acht Monaten erfolgreich ab und war sehr stolz auf mich. Mein Plan war es zuerst, mein Business nebenbei aufzubauen. Im Oktober 2021 eröffnete ich mein Instagram-Profil @mindful_nutrion_stephanie. Ich war voller Vorfreude und konnte es kaum erwarten zu starten.

Ich merkte aber schnell, dass ein Businessaufbau neben einem 100 % Job nicht einfach ist. Die Erstellung von Content, die Strategieentwicklung und die gesamte Administration benötigten Zeit und Energie. Diese hatte ich am Abend oder am Wochenende oft nicht. Ich fühlte mich oft gestresst, etwas für mein Business machen zu müssen. So traf ich die Entscheidung, mein Pensum in meinem Vollzeitjob reduzieren zu wollen. In dem Gespräch mit meinem Chef, ließ er mich wissen, dass es aufgrund der anstehenden Projekte erst Anfang des nächsten Jahres möglich sein würde. Ich war enttäuscht und fühlte mich nicht gesehen. Dennoch nahm ich es an und versuchte, mein Business nebenbei aufzubauen. Ich wusste, dass ich irgendwann meinen Job kündigen würde, um meine Selbstständigkeit Vollzeit ausführen zu können. Doch solange mein Business noch nicht richtig läuft, wollte ich dieses Risiko nicht eingehen.

Mein Business lief sehr schleppend und ich konnte nicht wirklich Kunden für mich gewinnen. Dies brachte eine große Welle an limitierenden Glaubenssätzen ans Licht. Diese innere Arbeit ist nicht leicht, nein, sie ist sogar sehr schmerzhaft, aber notwendig, um wachsen zu können. Sie zeigt dir, woran du unbewusst noch glaubst und woran du arbeiten darfst. Ich habe dadurch so viel über mich selbst gelernt und bin auch über mich selbst herausgewachsen. Über diese Wachstumsschmerzen erzähle ich dir mehr in einem anderen Kapitel.

Im Mai 2022 absolvierte ich die 200-Stunden-Yogalehrerausbildung. Dies wollte ich schon lange machen, weil mich Yoga seit sieben Jahren begleitet und ich mehr darüber lernen wollte. Meine Intention war es, mein Yogawissen zu vertiefen und meine Praxis zu verfeinern. Dass ich später einmal selbst Yogalehrerin werden würde, war zu diesem Zeitpunkt weit entfernt. Die Yogalehrerausbildung fand über drei Wochen in Costa Rica statt. Die Zeit war unvergesslich und hat mich sehr berührt. Ich bin ein großes Stück näher zu meinem wahren Selbst gekommen und habe neben Yogawissen auch viel über mich selbst gelernt.

Während der Yogalehrerausbildung wuchs mein Selbstbewusstsein und ich spürte, welches mein Weg ist. So entschied ich mich dazu, auch meinen Vollzeitjob zu kündigen und meine ganze Energie in mein Business zu stecken. Das machte mir Angst und zugleich fühlte es sich befreiend und bestärkend an. Die Entscheidung kam direkt von meinen Herzen. Es fühlte sich richtig an. Ich denke, große Entscheidungen wie diese sollten nur von unserem Herzen kommen, denn unser Verstand kann nur auf Erfahrungen zurückgreifen, die wir bereits erlebt haben. Wenn wir jedoch unsere Träume leben wollen, dann können wir nicht auf unsere bisherigen Erfahrungen zurückgreifen, sondern dürfen uns auf unsere Intuition verlassen.

Heilung und Wachstum auf Bali

In Costa Rica wuchs auch mein Wunsch, für einige Monate alleine nach Bali zu reisen. Ich wollte neue Abenteuer erleben, beobachten, wie ich in neuen Situationen alleine zurechtkomme und tiefer in ein anderes Land einzutauchen. Wie du vielleicht weißt, ist Bali sehr spirituell und hat eine ganz spezielle Energie. Das hat mich direkt angezogen.

In der ersten Woche, nachdem ich aus Costa Rica zurück war, reichte ich meine Kündigung ein. So konnte ich im September 2022 meine Reise nach Bali antreten. Die Kündigung war mein nächster Schritt in die Selbstständigkeit und war trotzdem keine leichte Entscheidung. Ich fühlte mich sehr wohl in meinem Team, aus dem auch enge Freundschaften entstanden sind. Doch um mich weiterzuentwickeln, musste ich aus meinem Alltag ausbrechen.
Schon bei der Ankunft auf Bali war ich verzaubert von dieser wundervollen, magischen Insel. Obwohl ich sehr müde war, saugte ich alles auf, was ich sehen konnte. Die Landschaft, die Menschen, die Gerüche und die Farben. Die feuchtwarme Luft fühlte sich richtig angenehm auf der Haut an. Die ersten vier Wochen verbrachte ich in diesem Resort mitten im Nirgendwo, umgeben von Reisfeldern und nah am Meer gelegen.

Ich hatte die Möglichkeit, mehrmals die Woche Yoga im Garten zu unterrichten und so sammelte ich erste Erfahrungen als Yogalehrerin. Ich genoss den Austausch und die vielen tiefgründigen Gespräche mit anderen Reisenden und begann, an meinem Business zu arbeiten. Die Freiheit, entscheiden zu können, worauf ich gerade Lust habe, und es dann direkt umzusetzen, genoss ich sehr. Das liebe ich an der Selbstständigkeit. Es fanden Women's Circles, Kakaozeremonien und Embodiment-Sessions statt, die von anderen Reisenden angeboten wurden. Ich konnte den spirituellen Einfluss sofort spüren. Die Möglichkeit, mich tiefer kennenzulernen und mit verschiedenen Methoden herauszufinden, wer ich bin, prägt mich die ganze Zeit über auf Bali. In dieser Zeit habe ich Freundschaften geschlossen, die bis heute anhalten.

Meinen zweiten Monat auf Bali verbrachte ich im Landesinneren, in Ubud. Ich genoss es sehr, viele Cafés und Restaurants in der Nähe zu haben, shoppen zu gehen und Ausflüge zu machen. Ich arbeitete in verschiedene Cafés und fand den Austausch mit anderen Digital Nomads sehr bereichernd und inspirierend. Die Mischung aus Spiritualität, Toleranz und Gemeinschaft hat mich sehr dabei unterstützt, in meine Kraft zu kommen und aktiv an meinem Business zu arbeiten. Diese Umgebung half mir, mich entfalten zu können und mich mehr mit meiner Intuition zu verbinden. Seither achte ich viel mehr auf die Energie, die mich umgibt. Stärkt sie mich und unterstützt meine innere Verbindung oder raubt sie mir Kraft und bringt mich aus meiner Intuition? Diese Frage kannst du dir auch immer wieder selbst stellen. Wo fühlst du dich am wohlsten? An welchen Orten kannst du DU sein? Allein schon das Bewusstsein darüber ist sehr wertvoll und kann ein Wegweiser sein.

Im Nachhinein transformierte mich die Zeit in Ubud am meisten. Ich war auf mich allein gestellt und doch nicht allein. Wenn du genau hinsiehst, gibt es immer und überall kleine Anker, an denen du dich festhalten kannst. Du darfst dich für jedes noch so kleine Zeichen öffnen und deiner Intuition vertrauen. Ich möchte dir einen kleinen Tipp mitgeben, der mir sehr dabei geholfen hat, wenn ich mich unsicher und überfordert fühle. Wenn ich mich irgendwo befinde, wo ich mich nicht wohlfühle, wo ich nicht ich selbst sein kann, dann versuche ich mich mit mir selber zu verbinden. In den Selbstkontakt zu kommen. Mich auf meinen Atem zu konzentrieren. Den Boden unter meinen Füßen zu spüren. Wenn du bei dir selbst bist, kann dich die Umgebung weniger erschüttern und du kannst dich mehr von der Außenwelt abgrenzen. Sich aktiv abzugrenzen und sich nicht beeinflussen zu lassen, was im Außen passiert, ist meiner Meinung nach essenziell, um ein selbstbestimmtes und erfülltes Leben zu führen.

Nun zurück zu meiner Reise nach Bali. Der vermeintlich letzte Monat auf Bali brach an. Ich zog in die Hochburg der Digital Nomad Szene, nach Canggu, in ein schickes Co-Living, in dem ich mich wie im Paradis fühlte. In Canggu erweiterte ich meine spirituelle Praxis und lernte neue Methoden wie der Kundalini Activation Process, Ecstatic Dance und Soundhealing kennen. Die Methoden unterstützen mich, meine Energie hochzuhalten, mich mehr mit meiner Intuition zu verbinden und mich frei und kraftvoll zu fühlen.

Aufgrund der vielen transformierenden Erlebnisse und auch der Menschen, die ich kennenlernen durfte, wollte ich nicht, dass diese Zeit schon bald zu Ende geht. Ich spürte, dass es da noch mehr gibt, und meine Zeit auf Bali noch nicht ihren Endpunkt erreicht hatte. Nach einem Gespräch mit meinem Mann stand fest, dass ich meine Zeit auf Bali um einen Monat verlängern würde und mein Abenteuer noch nicht zu Ende war.

Die letzten Wochen auf Bali waren geprägt von vielen langen und tiefen Gesprächen. Ich begann, sehr viel über meine Erlebnisse und Erfahrungen, die ich in den letzten vier Monaten auf Bali erleben durfte, zu reflektieren. Ich schrieb, seit ich auf Bali angekommen war, Tagebuch. Jeden einzelnen Tag dokumentierte ich meine Erlebnisse und meine Gedanken. Das half mir einerseits dabei, die Erfahrungen zu verarbeiten und andererseits kann ich so immer wieder nachlesen, wie viel ich in den vergangenen Monaten erlebt habe und wie ich mich weiterentwickelt habe. Diese Erinnerungen werden für immer in meinem Herzen bleiben. Ein Kapitel voller neuen Erfahrungen, Bekanntschaften, Abenteuern und persönlicher Weiterentwicklungen geht zu Ende.

Aus der Komfortzone ausbrechen

Aus meiner Reise nach Bali habe ich vor allem eins gelernt: wie wichtig es ist, aus der eigenen Komfortzone auszubrechen, wenn man sich persönlich weiterentwickeln möchte. Wachstum entsteht nur mit neuen Erfahrungen und Entscheidungen, die wir nicht kennen.

Das Verlassen der Komfortzone ist zu Beginn meist unangenehm und kann mit Angst und Zweifeln verbunden sein. Dann ist es wichtig, dein Vertrauen in dich zu stärken und dir deiner Kraft und Stärke bewusst zu werden. Wenn du dir Veränderung wünschst, dann darfst du lernen, über deinen eigenen Schatten zu springen. Oft heißt dies, etwas oder jemanden hinter sich zu lassen. Wenn du an Dingen festhältst, wirst du nur sehr schwer wachsen können. Diese Schritte erfordern Mut, Vertrauen und Kraft in dich und dein Leben. Du hast die Macht, dein eigenes Leben zu kreieren und zur Schöpferin deiner Welt zu werden.

Ich habe einmal einen sehr wertvollen Impuls erhalten. Dein Kopf, deine Gedanken kennen nur bisherige Erfahrungen und Erkenntnisse. Wenn du aber nun dein Leben verändern und mehr erreichen möchtest, dann darfst du Entscheidungen treffen, von denen du den Ausgang noch nicht kennst. Dein Kopf weiß gar nicht, was alles möglich ist, wenn er es nicht selbst erlebt hat. Wenn du also deine Entscheidungen auf Basis deiner Vergangenheit triffst, dann wird sich nichts Grundlegendes verändern können. Es braucht neue Erfahrungen, um zu sehen, was du alles erreichen kannst.

Durch diesen Impuls habe ich mehr Vertrauen in mich und meine Entscheidungen gefunden. Ich möchte lieber etwas zu viel erleben als gar nicht. Im schlechtesten Fall bin ich um eine Erfahrung reicher und konnte mich weiterentwickeln. Und im besten Fall bin ich meinem Traum einen Schritt weitergekommen und kreiere aktiv mein Leben. Frage dich: Möchtest du die gleichen Erfahrungen immer und immer wieder wiederholen oder möchtest du losgehen und dein Leben mit neuen, mutigen Entscheidungen neu gestalten? Veränderung beginnt mit kleinen Entscheidungen, die dich immer wieder ein klein wenig herausfordern, aber dich auch über dich hinauswachsen lassen.

Mit jedem noch so kleinen Erfolg wächst dein Selbstbewusstsein und du wirst mutiger und sicherer. Du traust dir immer mehr zu und lernst von jeder neuen Entscheidung. Je mehr du dich mit dir selbst verbinden kannst, desto leichter werden dir auch Entscheidungen fallen. Denn nur deine Intuition weiß, was richtig für dich ist.

Wenn sich negative Gefühle zeigen, dann hinterfrage bewusst. Was möchte sich gerade zeigen? Wo darfst du noch genauer hinsehen? Oft zeigen sich dann tiefsitzende Blockaden oder Themen, die wir immer wieder nach hinten schieben. Sie werden sich aber immer wieder zeigen, wenn du nicht aktiv an ihnen arbeitest. Sieh sie als Geschenk, die dich deinem wahren Selbst ein Stückchen näherbringen.

Die Auseinandersetzung mit diesen Themen ist oft schmerzhaft und kann alte Wunden wieder öffnen, doch es ist der erste Schritt zur Heilung und für noch größeres Wachstum und Weiterentwicklung. Dies sind Wachstumsschmerzen. Es ist nicht leicht, genau hinzuschauen, aber es ist es wert.

Wenn wir an unseren Mustern arbeiten, lernen wir uns immer besser kennen und verstehen den Hintergrund. Sie sind aber eine Bereicherung, weil du aus deinen alten Verhaltensmustern ausbrechen und neue erschaffen kannst. Und genau diese halten uns meist davon ab, weiterzukommen und für unsere Träume zu kämpfen. Mit neuen Entscheidungen nimmt dein Leben eine neue Richtung ein. Eine Richtung, für die du dich entscheidest. Trau dich immer öfter aus deiner Komfortzone auszubrechen und sprenge deinen Horizont. Es ist Zeit für dein neues Leben.

Von der Ernährungsberaterin zur Yogalehrerin

Meine innere Reise ging nach Bali weiter. Ich brachte viel Motivation von Bali mit, doch diese konnte ich nicht wirklich umsetzen. Nachdem ich wieder zu Hause war, merkte ich immer mehr, dass die Ernährungsberatung mich nicht wirklich glücklich macht. Das Thema ist weiterhin ein Herzensthema von mir und nimmt einen großen Teil in meinem Leben ein, weil es mich sehr interessiert und ich eine lebensverändernde Transformation mit dem Thema Ernährung durchgemacht habe.

Dennoch durfte ich lernen, dass Interesse an einem Thema und berufliche Leidenschaft nicht immer miteinander hergehen. Ich begann, mich mehr damit auseinanderzusetzen, welches Thema sich für mich richtig anfühlt. In welchem Gebiet kann ich mein Wissen und meine Erfahrungen vereinen, damit ich möglichst vielen Menschen weiterhelfen konnte? Welche Leidenschaft verkörpere ich bereits und fühlt sich für mich natürlich an?

Was schlussendlich der Auslöser für meine Entscheidung war, wusste ich nicht. Ich wusste nur, dass es sich richtig anfühlte und ich mit dieser Entscheidung meinem Herzen folgte. Yoga hat mich verändert und so möchte ich als Yogalehrerin auch andere Menschen berühren und ihnen eine Stütze auf ihrem Weg sein. Erleichterung und Freude begleiteten mich nach meiner Entscheidung, als Yogalehrerin mein Business aufzubauen. Ich freute mich auf den Wandel und auf die Veränderung. Meine Motivation kam zurück und ich verspürte einen großen Tatendrang. Ich habe meine neue Leidenschaft gefunden und war bereit, alles dafür zu geben.

Mein Businessaufbau

Jetzt, da ich mich zu 100 % auf mein Business konzentrieren konnte, wollte ich dieses schnell aufbauen und auch schnelle Erfolge sehen. Ich kreierte viel Content für Social Media und überlegte mir neue Angebote. Sogar Yoga-Retreats wollte ich in Angriff nehmen und recherchierte über mögliche Hotels, mit denen ich zusammenarbeiten konnte. Du merkst vielleicht, wie aufgeregt und enthusiastisch ich zu Beginn meines Yoga-Business-Aufbaus war. Als ungeduldige Person konnte es mir aber nicht schnell genug gehen. Doch Buchungen blieben aus und ich bekam wenig Rückmeldungen. Das kränkte mich und ließ mich zweifeln. Hatte ich die richtige Entscheidung getroffen? War Yoga doch nicht meine Leidenschaft?

Je mehr ich mich mit meiner Situation auseinandersetzte, desto mehr verstand ich, dass alles ein Prozess ist. Das Leben ist ein Prozess. Wir können gegen diesen Prozess ankämpfen oder uns dem Prozess hingeben. Ich entschied, mich diesem Prozess hinzugeben und statt auf meine Zweifel zu hören, mir Hilfe zu suchen. Denn ein Glaubenssatz von mir ist, dass ich alles alleine schaffen müsste. Ich wollte nicht schwach wirken und zeigen, dass ich es alleine schaffen kann. Dabei zeigst du meiner Meinung nach Stärke, wenn du um Hilfe bittest.

Ich habe mir Unterstützung in Form eines 1:1-Mentorings gesucht. Oft sehen wir unsere eigenen blinden Flecken nicht, da hilft ein Gegenüber, der mit einer anderen Perspektive und unterschiedlichen Erfahrungen auf die Situation blickt. Und meine Entscheidung, mir Unterstützung zu holen, hat sich ausgezahlt. Bereits nach wenigen Coachingsessions hatte ich eine klare Vision vor Augen und wusste meine nächsten Schritte.

Mein Coach nimmt mich an die Hand und zeigt mir neue Möglichkeiten auf, doch ich bin und bleibe die Schöpferin. Das ist ein wichtiger Punkt. Du kannst Herausforderungen nicht einfach abgeben, sondern darfst sie selbst bewältigen und an ihnen wachsen. Das kann dir niemand abnehmen. Und eins kann ich dir schon sagen: Du wirst Fehler machen, viele sogar, aber daran merkst du, dass du immer weiterkommst und nicht stehenbleibst. Du lernst aus deinen Fehlern und kannst deine daraus gewonnene Weisheit weitergeben. Mittlerweile sehe ich Fehler als Geschenk, welche mir etwas zeigen wollen.

Seit dem Mentoring hat sich so viel verändert. Ich habe gut laufende Angebote geschaffen, einen YouTube-Kanal aufgebaut, kann bei diesem Buchprojekt dabei sein, bin klarer in meiner Vision und meinen Zielen, bleibe mir treu und verstelle mich nicht mehr und so vieles mehr. Es hat sich vor allem auch meine innere Einstellung geändert und diese ändert auch unser Außen. Ich bin unglaublich stolz auf mich und dankbar, diesen Weg eingeschlagen zu haben und genieße diese Reise mit allen Hochs und Tiefs. Ab und zu kann ich es noch gar nicht glauben, dass ich mich tatsächlich für diesen Weg entscheiden habe und diesen auch gegangen bin. Mein Leben hat sich um 180 Grad gedreht und ich mittendrin. Während ich diese Zeilen schreibe, wird mir wieder bewusst, was ich alles schon geschafft habe. Ich freue mich auf alles, was noch auf mich zukommen mag und bin bereit für Herausforderungen, Wachstum und Wunder.

Kleine Schatzkiste für dich

In diesem Kapitel möchte ich kleine und große Impulse mit dir teilen, welche ich auf meiner persönlichen Reise erfahren und selbst weitergeben durfte. Nimm dir das mit, was sich für dich gut anfühlt und mit dir räsoniert. Und lass das andere einfach stehen. Nicht jeder Impuls spricht jeden an und das ist vollkommen okay. Fühl in dich hinein, was dich anspricht, und höre auf deine Intuition.

Intuition – Dein innerer Kompass

Wie sehr bist du im Alltag mit deiner Intuition verbunden? Und wie oft handelst du auch nach deiner Intuition? Bist du eher Kopfmensch oder Herzmensch? Auch wenn du heute eher auf deinen Verstand hörst und du viel in deinem Kopf bist, kannst du dich mehr und mehr mit deiner Intuition verbinden und Entscheidungen aus deinem Herzen treffen. Es gibt unzählige Methoden und Techniken, die dich dabei unterstützen können, mehr in dein Herz zu kommen und die Verbindung zu dir selbst herzustellen.

Die wohl bekannteste Methode ist Meditation. Hier möchte ich dir mitgeben, dass du selbst bestimmen kannst, wie Meditation für dich aussieht. Meditation muss keinem speziellen Muster folgen, sondern darf zu dir kommen. Auch wenn es nur ein paar Minuten sind, lohnt es sich herauszufinden, wie du zu innerer Stabilität und Ruhe kommen kannst. Durch diese Ausgeglichenheit kannst du deine Verbindung zu deinem Herzen und damit auch zu deiner Intuition stärken und mehr und mehr aufbauen.

Nicht nur Meditation kann dabei hilfreich sein. Jede Tätigkeit, die dich in dein Herz bringt und dich von deinen Gedanken befreit, ist genauso wertvoll und unterstützend. Auch Sport, Gartenarbeit oder Backen können solche Tätigkeiten sein. Spür mal in dich hinein und beobachte, wann du dich besonders gut spüren kannst und du in einen Flow-Zustand kommst.

Du wirst merken, dass Entscheidungen, die du mit deiner Intuition fällst, sich sicherer, leichter und eindeutiger anfühlen. Du hinterfragst weniger deine Entscheidung, kannst voll und ganz dahinterstehen. Denn das ist die Natur der Intuition, sie zeigt dir DEINEN Weg auf und dieser Weg ist genau richtig für dich. Du fühlst es in jeder Zelle, wenn du mit deiner Intuition entscheidest, wenn du deinem Herzen folgst.

Ich möchte dich ermutigen, diesen Weg für dich einzuschlagen. Seitdem ich mich mehr mit meiner Intuition verbinde und auch danach handle, desto freier und selbstbestimmter fühle ich mich. Ich entscheide für mich nur für mich. Und das ist ein unglaublich befreiendes Gefühl. Ich bin selber für mich verantwortlich und habe mein Leben in meiner Hand. Durch mein Vertrauen in mich und meine Intuition bin ich risikofreudiger und mutiger geworden. Ich habe nichts zu verlieren, ich kann nur gewinnen.

Akzeptanz – Die Wertschätzung deines Seins

Yoga hat mich erfahren lassen, wie wichtig Akzeptanz ist. Akzeptanz dir gegenüber, deinem Körper gegenüber, deinen Mitmenschen gegenüber und auch deinem Leben gegenüber. Erinnere dich immer öfter daran, dass du immer bemüht bist, dein Bestes zu geben und dass das genug ist.

Das Schöne an diesem Konzept der Annahme für mich ist, dass du mehr wertschätzen lernst, was du bereits hast und mehr im gegenwärtigen Moment anzukommen. Vor allem auch, wenn du dir gegenüber Akzeptanz übst. Dich so anzunehmen, wie du bist, mit all deinen Stärken und Schwächen, mit all deinen wunderbaren Ecken und Kanten. Denn genau diese machen dich aus, diese machen dich einzigartig und bringen Vielfalt in unsere Gesellschaft.

Wenn du dich selbstbewusst zeigst, wie du bist, inspirierst du andere, das Gleiche zu tun. Und wir können mehr voneinander lernen, wenn wir offen sind, uns zu zeigen, wie wir sind. Wir brauchen mehr Authentizität, mehr Individualismus. Ist es nicht herrlich, dass wir so unterschiedlich sind?

Über die wichtigste Liebe in deinem Leben

Wie du weiter oben in diesem Beitrag bereits erfahren hast, habe ich durch Yoga und ganz genau mit einer Selbstumarmung zu Selbstliebe gefunden, oder zumindest den Anfang davon. Es braucht diesen kleinen Funken, der sich entzündet, der den Raum für dich aufmacht.

Für mich hat sich seitdem so viel verändert. Ich gehe anders mit mir selbst um, ich habe andere Gedanken mir selbst gegenüber und ich gehe auch verständnisvoller mit anderen Menschen um. Mein innerer Blickwinkel hat sich verändert und damit auch mein Blick nach außen. Die Liebe, dieses Feuer in dir, hilft dir dabei, dich wertzuschätzen, dich aufzubauen und in deiner Mitte zu sein. Damit wachsen dir Wurzeln in die Erde und du fühlst Sicherheit im Innen und Außen.

Doch wieso fällt es uns eigentlich so schwer, Selbstliebe aufzubauen und liebevoll mit uns umzugehen? Selbstliebe aufzubauen erfordert Geduld, Durchsetzungsvermögen und ganz viel Mitgefühl dir gegenüber. Ja, genau das ist vielleicht sogar der erste Schritt, Empathie dir selbst gegenüber. Dich so zu nehmen, wie du bist. Jede Ecke und jede Kante von dir liebevoll annehmen und sie als Teil von dir anzusehen. Begegne dir als beste Freundin und behandle dich auch so.

Um die Selbstliebe aufrecht zu erhalten ist es für mich wichtig, mir selbst verzeihen zu können. Die Gabe, dir selbst zu verzeihen, wenn du scheinbar etwas nicht geschafft hast, zeigt Stärke und innere Größe. Wir sind Menschen, wir machen Fehler, wir sind nicht perfekt. Nimm dir den Druck raus, alles perfekt machen zu wollen. Damit stehst du dir nur selbst im Weg und verpasst vielleicht Chancen, die du mit deinem Perfektionismus nicht gefunden hättest.

Deine Unperfektheit anzuerkennen bedarf Mut und zeigt anderen, dass es okay ist, nicht alles perfekt machen zu müssen. Und damit löst sich dein innerer Druck immer mehr und mehr auf, bis du dich so mit deiner Unperfektheit wohlfühlst, dass du es stolz nach außen trägst.

Deine Selbstliebe liebt deine Unperfektheit. Sie liebt alles an dir und ist auch immer für dich da, wenn es dir nicht gut geht. Sei auch für sie da und baue sie immer weiter aus. Gemeinsam seid ihr ein unschlagbares Team!

KINGA ZURAWSKI

VIRTUELLE ASSISTENZ, UNTERNEHMERIN, VISIONÄRIN

Nach 33 Jahren im Hamsterrad - von Wochenende zu Wochenende, von Urlaub zu Urlaub - habe ich eines Abends einen Film gesehen, der mein gesamtes Leben plötzlich auf den Kopf stellte. Daraufhin transformierte ich mein Leben Schritt für Schritt.

© Foto:Patrick Lipke

Mehr über mich und meine Arbeit unter
www.linkedin.com/in/kinga-zurawski/

Raus aus dem Hamsterrad, rein in dein erfülltes Leben

von Kinga Zurawski

„Mich vegan zu ernähren, ist eine der besten Entscheidungen gewesen, die ich bisher in meinem Leben getroffen habe. Durch diese eine Entscheidung hat sich bei mir alles um 360 Grad gedreht. Ich habe mir mein erfülltes und glückliches Leben erschaffen, welches ich mir zuvor nie hätte vorstellen können."
Kinga Zurawski

Die allermeisten Menschen können sich eine vegane Ernährung in ihrem eigenen Leben nicht vorstellen. Hast du dich beim Lesen meiner Worte gefragt, wie das Ausschließen von tierischen Lebensmitteln eine so grundlegende Transformation des eigenen Lebens bewirken kann? Auf den ersten Blick lasse ich doch nur bestimmte Bestandteile in meiner Ernährung weg, so ähnlich wie jemand den Industriezucker oder Weizen weglässt. Ist es wirklich möglich, dass sich damit alles im Leben ändert?

Haben dich bereits meine ersten Worte neugierig gemacht? Dann lies unbedingt meinen Beitrag. In diesem erfährst du, dass es so viel mehr als das Weglassen ist, und dass ein unerwarteter, vermeintlich kleiner Schritt, dein Leben komplett transformieren kann. Ich selbst kann es nach all den Jahren immer noch nicht fassen, was diese eine Entscheidung bei mir alles Positives in Bewegung gesetzt hat, immer noch setzt und in Zukunft setzen wird. In meinem Beitrag nehme ich dich mit auf meine Reise und zeige dir, dass ein erfülltes und glückliches Leben mit Sinn und Freude für alle, also auch für dich, möglich ist.

Wie meine Transformation begann

Du kennst sie sicherlich auch: Es gab Momente in deinem Leben, die sind dir für immer in deinem Gedächtnis geblieben. Die Gefühle, die du in diesem Augenblick gespürt hast, sind dir regelmäßig präsent. Sie kommen immer wieder in dir hoch und du fühlst sie in deinem gesamten Körper, wenn du an diese Momente zurückdenkst.

Einen solchen Lebensmoment hatte ich im Sommer 2017. Nach der Rückkehr aus Neuseeland hatte ich mir zum Ziel gesetzt, alte Gewohnheiten zu ändern. Ich hatte entschieden, mich den Themen Ernährung und Sport anzunehmen und beides viel bewusster, gesünder und aktiver in mein Leben zu integrieren. Denn das Wandern dort hatte mir gezeigt, was für eine bescheidene Kondition ich mittlerweile hatte. Ich kam schnell in die Umsetzung und buchte einen Online-Kurs, der mich zu einer bewussteren Ernährung und zu mehr Sport bringen sollte. Dieser hatte aber nicht explizit die vegane Ernährung im Fokus, diese war mir damals noch völlig unbekannt. In diesem Kurs gab es einen Bereich mit verschiedenen Berichten und Dokumentationen über Ernährung und unsere Lebensmittel, die ich mir ansehen konnte. Eines Abends auf der Couch dachte ich mir, jetzt könne ich mir ganz entspannt eine Doku anschauen und wählte Earthlings. Ohne zu ahnen, was damit auf mich zukam. Erinnerst du dich noch an den letzten Moment, in dem du dich auf etwas völlig Unbekanntes eingelassen hast?

Das Anschauen dieser Doku war der Gamechanger für mich und mein weiteres Leben: Ich war wirklich betroffen, was ich da gesehen habe. Ich habe die Doku tatsächlich bis zum Schluss geguckt, auch wenn ich sie eigentlich ausmachen wollte. Ich konnte nicht fassen, dass ich all das mit meinem Handeln und meinen Entscheidungen unterstützte.

Während des Schauens liefen mir die Tränen nur so die Wangen runter. Mir ging es danach tagelang schlecht, körperlich und seelisch. Auch wenn ich schon während des Zusehens entschieden habe, dass ich etwas in meinem Leben ändere: dass ich kein Fleisch und keinen Fisch mehr essen werde. So habe ich diese Entscheidung einfach getroffen und lebte von heute auf morgen vegetarisch. Wann hast du das letzte Mal eine Entscheidung getroffen, die dein Leben von heute auf morgen verändert hat?

Diese ersten Erfahrungen haben mich so sehr aufgerüttelt, dass ich immer mehr in die Tiefen unserer Ernährung eingestiegen bin. Ich habe recherchiert und natürlich schon damals herausgefunden, was wir Menschen alles Negative durch unsere Ernährung mit tierischen Bestandteilen bewirken. Für die Tiere, für die Natur, für uns Menschen und für unsere Zukunft. Es fühlte sich für mich einfach nur richtig an, die nächsten Schritte zu gehen: Ich wählte pflanzliche Milch und pflanzlichen Käse. Ich ließ die Eier und den Honig weg und suchte mir dafür pflanzliche Alternativen. So stieg ich Schritt für Schritt um und ernähre mich seit Sommer 2018 komplett vegan.

Im Nachhinein betrachtet, war meine Ernährungsumstellung erst der Anfang.

Ich schaute noch viel weiter hinter die Kulissen unseres Konsums und erfuhr, in welchen weiteren Produkten überall tierische Bestandteile enthalten sind: Kleidung, Reinigungs- und Pflegeprodukte, Kosmetika. Ich konnte natürlich nicht anders und greife mittlerweile auch hier auf das vegane Angebot zurück.

So habe ich, angefangen mit der Ernährung, sämtliche Bereiche meines täglichen Lebens auf vegan umgestellt, und rückblickend betrachtet war dies der Startschuss in mein neues Leben. Die vegane Ernährung war dabei der Beginn meiner Transformation und zum damaligen Zeitpunkt war mir überhaupt nicht bewusst, in welche meiner Lebensbereiche der Veganismus noch Einfluss haben würde.

Hast du nach dem Lesen dieses Einstiegs vielleicht folgende Gedanken: „Wow, Kinga, das sind viele Veränderungen in deinem Leben gewesen. War das nicht zu viel für dich?" Eventuell kommen dir auch Gedanken, dass du diese Veränderungen nicht umsetzen könntest? Ja, das waren natürlich viele Veränderungen, die ich mir vorgenommen und dann auch umgesetzt habe. Nur bin ich meinen veganen Weg Schritt für Schritt in meiner persönlichen Geschwindigkeit gegangen. Ich habe den nächsten Bereich immer erst angepackt, wenn alle anderen so weit gefestigt waren. Dieser individuelle Weg war genau richtig für mich und ich bin überzeugt, dass die schrittweise Umstellung für die Mehrheit aller Menschen auch der passende Weg ist. Alles auf einmal umzustellen, wäre wahrscheinlich zu viel für mich gewesen und ich hätte es sicherlich nicht durchgezogen.

Was die Umstellung in mir bewirkt hat

Wenn eine Person in seinem/ihrem Leben so viel verändert, interessiert es Menschen, was die Veränderungen mit der Person gemacht haben. Das möchte ich dir natürlich nicht vorenthalten.

Auf der körperlichen Ebene habe ich rückwirkend betrachtet kaum bis wenig Veränderung gespürt. Damit bin ich eher eine Ausnahme, bei vielen Menschen aus meinem Umfeld hat sich mit der veganen Ernährung gesundheitlich und in ihrem Körper einiges zum Positiven gewandelt.

Was den weitaus größeren Impact hatte, war die positive, mentale Veränderung, die ich erlebt und gespürt habe und bis heute jeden Tag spüre. Es tut mir unglaublich gut zu wissen, dass ich dieses System der Tierausbeutung nicht mehr unterstütze. Ich nehme mit meinen Konsumentscheidungen direkt Einfluss darauf, was auf unserer Welt passiert.

Mein Kassenbon ist ein Stimmzettel, das ist mir so sehr bewusst geworden. Dass sehr viele Menschen ihre Stimme nutzen, siehst du derzeit an dem steigenden, veganen Angebot. Ich bin sehr glücklich, dass ich mit meiner veganen Lebensweise den wichtigen, positiven Fußabdruck auf unserer Erde hinterlasse und unsere Zukunft enkeltauglich gestalte.

Die beschriebene Umstellung hat mein Leben so bereichert und erfüllt, wie ich es zuvor nie erlebt habe. Bereits nach kurzer Zeit, als der Veganismus umfassend in mein Leben getreten ist, wusste ich, dass ich nicht mehr nur zuhause im stillen Kämmerlein vegan leben wollte. Nein, es brannte mir immer mehr unter den Nägeln, auch im Außen zu einer veganen Welt beizutragen. Ich wollte andere Menschen dazu inspirieren, die vegane Ernährung auszuprobieren.

Das konnte doch noch nicht alles gewesen sein …

Da ich sehr gerne koche und backe und mein Mann eine große Bandbreite an Technik- und Videoskills besitzt, kam er auf die grandiose Idee, gemeinsam einen YouTube-Kanal zu starten und dort Videos zu veröffentlichen. Das war wirklich eine wunderbare Idee, wie ich mit meinem Herzensthema in die Sichtbarkeit gehen konnte. Doch statt ihm um den Hals zu fallen und diese Idee mit ihm umzusetzen, kamen bei mir sämtliche Glaubenssätze hoch. Ich zweifelte am Anfang, auch wenn ich so sehr nach draußen gehen wollte. Ich hatte Gedanken wie: Wer möchte unsere Videos überhaupt schon sehen? Es gibt doch schon so viele YouTube-Kanäle, die sich mit diesem Thema beschäftigen. Was denken andere Menschen aus meinem Umfeld darüber und was werden sie dazu sagen? Diese typischen Sätze, die wir uns Menschen immer wieder sagen und die uns regelmäßig von der Umsetzung abhalten. Kennst du sie auch aus deinem Leben?

Doch es gab ein entscheidendes Wochenende, welches alles in mir und an meinen Glaubenssätzen veränderte. Den liebevollen Popotritt bekam ich im September 2020 auf einem Online-Event. Dieses öffnete mir richtig die Augen. Ich fühlte dort so sehr, was es für mich, für die Tiere und die Welt bewirken kann, wenn ich für meine vegane Mission lauter werde. Egal, was andere darüber denken und wie viele Kanäle es schon gibt. Das ist überhaupt nicht wichtig. Dieses motivierende Gefühl konnte und wollte ich nicht weiter unterdrücken, ich musste es ausleben und so eröffneten wir daraufhin unseren veganen YouTube-Kanal. Als Namen überlegten wir uns „Vegan – why not?“. Wir begeistern seitdem unsere Zuschauer*innen mit wundervollen Videos und zeigen, wie einfach, lecker und schön die vegane Lebensweise ist.

Mittlerweile geht es auf unserem Kanal weit über die Ernährung hinaus und wir veröffentlichen Videos von veganen Events, von Interviews und Vorträgen und geben Tipps, wo wunderbarer veganer Urlaub gemacht werden kann.

Ich gehe richtig in meinem Kanal auf. Ich fühle unendlichen Spaß und unfassbare Freude, wenn wir Videos drehen, ich Texte schreibe und wenn ich am Ende auf den „Veröffentlichen"-Button klicke. Unsere Videos gehen raus in die Welt und bleiben so lange online, wie es YouTube und das Internet gibt. Mit diesem phänomenalen Gefühl gehe ich tagtäglich durchs Leben. Ich bewirke etwas und tue Gutes in meinem Leben. Es geht mir großartig dabei und ich spüre mich vollkommen lebendig, die vegane Lebensweise nach draußen zu tragen und andere Menschen zum Veganismus zu inspirieren. Manchmal frage ich mich, wieso ich erst so spät damit angefangen habe. Hast du in deinem Leben auch etwas, was dich so sehr begeistert?

Wie ich mir meinen neuen Job selbst kreiert habe

Meine vegane Lebensweise und mein YouTube-Kanal passierten damals weiterhin ausschließlich in meinem privaten Lebensbereich. Auf meinem weiteren Weg spürte ich, dass ich noch viel weiter gehen und dieses Wirken in einen beruflichen Kontext reinbringen wollte. In meinem Körper explodierten meine Gefühle um meine weitere Zukunft. Der Veganismus hat sich zu meiner Berufung entwickelt. Etwas, was ich so vorher nicht kannte. Ich hatte bisher immer nur einen Job, um Geld zu verdienen. Die Aufgaben haben mir Spaß gemacht. Nur hatte ich nie dieses Feuer, welches in mir loderte, welches ich mittlerweile innerlich spüre, wenn es um den Veganismus geht. Alles, was ich für meine vegane Mission mache, fühlt sich nicht nach Arbeit an. Ich vergesse dabei Raum und Zeit und sogar auch, Pausen zu machen. Es brannte mir immer mehr unter den Nägeln, meine gesamte Lebenszeit für den Veganismus einzusetzen und jederzeit die große, vegane und nachhaltige Veränderung zu bewirken, die ich mir so sehr für die Tiere, die Natur und uns Menschen wünsche!

Erst im Nachhinein betrachtet, verstehe ich, dass sich mir genau zum richtigen Zeitpunkt Möglichkeiten ergeben haben, zu dem ich sie auch benötigt habe. Als ich diese realisiert und zugesagt habe, haben sie mich richtig vorangebracht. Und das war nicht nur einmal so.

Ich war also auf der Suche, wie ich den Veganismus im beruflichen Kontext nachgehen konnte. Gerade zu der Zeit im Sommer 2021 haben meine beiden Mentorinnen bekannt gegeben, dass sie im Oktober 2021 ein veganes Mentoringprogramm rausbringen werden. Mit diesem helfen sie vor allem Frauen, ihr veganes Business zu finden und mit ihnen gemeinsam aufzubauen. Natürlich habe ich JA gesagt, das war genau das, wonach ich gesucht habe. Es hat mich sofort zu den beiden in ihr Programm gezogen. Insbesondere, weil die beiden schon erfolgreich auf dem Weg waren, auf dem ich mich begeben wollte. Überlege gerne für dich, welche Menschen dich umgeben und von wem du dich inspirieren lässt ...

Schon vor dem Start des Mentoringprogramms habe ich länger überlegt, wie ich vegan im Beruf durchstarten konnte. Ich hatte diese skurrilen Gedanken, dass ich irgendetwas Neues schaffen und kreieren müsse. Dafür brauchte ich diese eine tolle Idee, die bisher niemand hatte und mit der vermeintlich viele Menschen ganz leicht und schnell durchstarten. Ich war so krampfhaft auf der Suche, doch ich fand die tolle Idee nicht. Mit der Zeit zweifelte ich schon daran, dass ich sie je finden werde. Ich gönnte mir gerade zum richtigen Zeitpunkt etwas Abstand, ließ los, um tief durchzuatmen und wieder mehr zu mir zu kommen und weniger einer Idee hinterherzulaufen. Zack - genau in dem Moment kam mir die Idee, es fiel mir wie Schuppen von den Augen. Ich konnte es nicht fassen: Nein, es muss nichts Neues sein. Es kann doch letztlich soooooo einfach sein, auch für dich: Ich mache einfach das, was mir aus meinen bisherigen Jobs Spaß macht, worin ich aufblühe, was ich jeden Tag von morgens bis abends machen könnte und bei dem ich Raum und Zeit vergesse. Nur der große Unterschied ist, dass ich es für meine vegane Mission tue!

Ich bin seit Sommer 2003 mit Start der Ausbildung im kaufmännischen/administrativen Bereich tätig. Seit Oktober 2006 habe ich mich auf den Personalbereich spezialisiert. Ich koordiniere Termine, schreibe bzw. korrigiere E-Mails und Texte, ich recherchiere, erstelle Präsentationen, Dokumente und Verträge. Ich pflege und korrigiere Daten, bin in der Gehaltsabrechnung unterwegs und überwache unterschiedlichste Termine. Darüber hinaus bewege ich mich auch in dem Bereich des Workshop- und Eventmanagements.

Dort kümmere ich mich um die generelle Vorbereitung, Durchführung und Nachbereitung. All das beinhaltet viele Aufgaben, die im klassischen Office-Management anfallen.

Viele Menschen und Unternehmer*innen haben keine Lust darauf, es macht ihnen keinen Spaß oder sie haben einfach andere Herzenstätigkeiten, als sich um ihren Papierkram zu kümmern. Und da komme ich ins Spiel, weil ich all das so gerne mache, in diesen Tätigkeiten tief versinke und sie mit Herzblut, größter Genauigkeit als auch Zuverlässigkeit erledige.

Nur habe ich diese Aufgaben seit 2003 immer für Unternehmen erledigt, die auf unserer Welt nichts Positives erschaffen, teilweise sogar negativ gewirkt haben und wirken. Ich bin so unbewusst durchs Leben gegangen, dass ich mir darüber keine Gedanken gemacht habe. Ich habe nur darauf geschaut, dass mein Werdegang gradlinig aussah und die Unternehmen gut zu meinem Lebenslauf passten. Je größer und bekannter sie waren, desto mehr strengte ich mich an, in die Unternehmen reinzukommen und den Job zu bekommen. Ob sie auch tatsächlich zu mir passten, ob ich da wirklich arbeiten wollte, darauf habe ich nicht gehört. Hast du schon darüber nachgedacht, wie sehr deine berufliche Tätigkeit von diesen Gedanken geprägt ist?

Doch mit der veganen Lebensweise habe ich angefangen, auf mein Herz und meine Intuition zu hören und nicht auf das, was von mir erwartet wird. Ich weiß, dass ich die Koryphäe fürs Office-Management bin. Außerdem sind mittlerweile jegliche Office-Tätigkeiten digital möglich, also wurde ich virtuelle Assistenz. Ich fand meine Nische mit dem Veganismus und wurde zur VEGANEN virtuellen Assistenz. So habe ich mir einen völlig neuen Job kreiert, mit dem ich nicht nur meine Berufung, sondern auch meine Werte vollständig lebe.

Ich und selbstständig – ist das überhaupt möglich?
Ohne jegliche Erfahrung und Background in der Selbstständigkeit, dafür aber mit geballtem Wissen, Erfahrung und Power aus dem Mentoringprogramm und meiner beruflichen Laufbahn, gründete ich im Herbst 2021 mein veganes Business und bin seit Januar 2022 als vegane, virtuelle Assistenz tätig. Dabei bin ich aufs Office-, Event- und Workshopmanagement für Selbstständige, Unternehmer*innen und Organisationen mit einem veganen Schwerpunkt spezialisiert. Zum damaligen Zeitpunkt einzigartig in Deutschland, zumindest konnte ich bei meinen Recherchen keine virtuelle Assistenz finden, die sich derart konsequent spezialisiert und positioniert hat.

Ich arbeite bereits mit meinen Soulclients zusammen und sorge mit meinen Kompetenzen sowie mit meiner 20-jährigen Berufserfahrung für deutlich spürbare Entlastung, Struktur und Ordnung in ihren Unternehmen. Ich übernehme Aufgaben, die meine Kunden in der Regel nicht gerne tun und die ihnen sogar schlaflose Nächte bereiten. In meinem Business kombiniere ich endlich mein Herzensthema des Veganismus mit den Tätigkeiten, deren Ausführung mir immer schon Spaß gemacht haben.

Ich bin so voller Freude, Leidenschaft und Motivation, dass ich endlich weiß, wie ich mit meinen Stärken und Fähigkeiten etwas für eine enkeltaugliche und vegane Welt bewirken kann. Zudem agiere ich mit Positivität, Leichtigkeit und Begeisterung, was diejenigen spüren, mit denen ich darüber spreche und mit denen ich zusammenarbeite.

Für mich gibt es mittlerweile nichts Schöneres: Ich liebe es, als Unternehmerin alle Entscheidungen für mich zu treffen und die Welt positiv zu verändern. Genau deswegen ist all das, was ich im Rahmen meines Business tue, auch keine „Arbeit" mehr für mich. Es ist meine Erfüllung, meine Lebensaufgabe. Es ist die Antwort auf die Frage, warum ich auf der Welt bin.

In einem Angestelltenverhältnis bekommst du vorgegeben, mit wem du zusammenarbeitest. Somit kannst du Kolleg*innen bekommen, die eine ganz andere Arbeitsmoral und Zuverlässigkeit haben als du. Sie können lustlos im Büro sitzen oder immer alles geben. Ihnen kann alles egal sein oder sie können hinter den Werten und Produkten des Unternehmens stehen und diese mit voller Begeisterung nach außen tragen. Ich hatte dieses Dilemma in der Vergangenheit oft. Sehr regelmäßig habe ich mit Menschen zusammengearbeitet, die ganz anders ticken als ich. Ich habe sogar in einem internationalen Konzern gearbeitet, dessen Werte so gar nicht mit meinen übereingestimmt haben. Angefangen habe ich diesen Job für meinen Lebenslauf. Später, als ich vegan geworden bin, konnte und wollte ich dort nicht mehr arbeiten. So habe ich mir einen neuen Job gesucht und bin im Herbst 2018 einfach gegangen.

Die beschriebenen Herausforderungen hinsichtlich meiner Werte habe ich in meinem veganen Business nicht mehr. Hier gelten meine Werte und meine Regeln. Ich entscheide, ob ich mit potenziellen Kund*innen zusammenarbeite oder nicht. Ich entscheide, für wen ich meine Fachexpertise einsetze und für welche Werte und Produkte ich meine wertvolle Lebenszeit investiere. Dabei gehe ich keine Kompromisse ein. Meine Kund*innen müssen für eine veganere Zukunft wirken und auch mit dieser Mission nach außen treten.

Bisher habe ich alle Herausforderungen in der Selbstständigkeit gut gemeistert. Weil ich bereit bin, alles zu geben, weiterzulernen und mir, wenn nötig, die entsprechende Hilfe zu holen. Es gab bisher nichts, was ich nicht geschafft habe. Auch wenn ich das eine oder andere Mal etwas Herzrasen hatte. Doch weißt du was? Es hat sich immer gelohnt, durch meine Angst zu gehen. Ich bin gewachsen und bin immer mutiger geworden. Bist du bereit, für deine Werte mutig zu sein?

Für sich einzustehen ist ein Prozess mit Aufs und Abs

Dass ich am Anfang meines Business nicht immer so klar agiert habe, zeige ich dir mit folgendem spannenden Erlebnis: Als ich bereits als virtuelle Assistenz in die Sichtbarkeit gegangen bin, war ich mir sicher, dass ich meine Zielkund*innen und meine Werte bereits fest definiert hatte. Schließlich habe ich es auch so nach draußen kommuniziert. Dennoch habe ich mit Unternehmer*innen gesprochen, die zwar vegan leben, nur hatte deren Business keinen Bezug zum Veganismus. Als ich meine Rückmeldung zugesagt hatte, musste ich eine glasklare Entscheidung treffen, die es so zuvor noch nicht gegeben hatte. Und das tat ich. Ab diesem Moment lehne ich Anfragen von potenziellen Kund*innen sofort ab, wenn ich keine vegane Mission erkenne. Das habe ich getan und werde es wieder tun, wenn es nötig ist. Ich bin für eine vegane Welt losgegangen, wie kann ich dann Missionen unterstützen, die nicht darauf einzahlen? Seitdem ich dies so eindeutig für mich festgelegt und umgesetzt habe, geht es mir großartig, denn ich folge hierbei meiner Freude und meinen Werten, setze ein klares Statement und bleibe zu 100 % bei mir. Das habe ich die ersten 33 Jahre meines Lebens nicht gemacht und jetzt reicht es. Doch ich habe mich lange mit mir und dieser Entwicklung beschäftigt, bin auch einen großen Schritt über meinen Schatten gesprungen. Dass ich heute diese Entscheidungen so locker flockig fälle, war ein längerer Prozess bei mir. Ich bin diesen gerne durchlaufen und kann es dir nur wärmstens ans Herz legen. Also, wann fängst du an?

Wenn der größte fleischverarbeitende Betrieb Deutschlands bei mir anfragen würde, dann weißt du meine Antwort. Doch mit wem arbeite ich konkret zusammen? Da ich mich auf meinem veganen YouTube-Kanal gerne mit dem Thema Essen und Trinken beschäftige, hatte ich schon einige Kunden aus diesem Bereich. Ich habe veganes Rühreipulver unter die Menschen gebracht, einen Unternehmer mit veganem Likör unterstützt und auch eine vegane Ernährungsberaterin bei ihrem ersten Schlemmerabend in der Vorbereitung, Umsetzung und Nachbereitung begleitet. Außerhalb dieser Sparte habe ich eine Kundin gewinnen können, die einen nachhaltigen und veganen Friseursalon betreibt, einen Kunden aus dem rechtlichen Bereich und auch eine Tierrechtsorganisation, deren Impact grandios ist. Manche davon hatte ich gar nicht auf dem Schirm, auch das gefällt mir sehr an meinem Business. Ich komme mit Unternehmungen und Organisationen in Kontakt, die mich überraschen und schnell in ihren Bann ziehen, sodass ich zu diesen einfach nur Ja sagen kann.

Was dir die gelebte Berufung alles liefern kann

Wenn du dein eigenes Business führst, kommst du schnell an einen Punkt, der dich herausfordern und dich aus deiner gemütlichen Komfortzone bringen wird. Nur weißt du was? In diese Momente und Gefühle wirst du dich noch lange Zeit stolz und glücklich zurückversetzen und sie lassen dich für deinen weiteren Weg wachsen. Nach meinem Businessstart hatte ich diese Momente sehr häufig und wenn ich diese reflektiere, dann haben all diese mutigen Schritte mich zu meinem jetzigen Leben geführt:

- Ich habe bereits diverse Podcast- und Videointerviews mit verschiedenen Menschen geführt, teilweise spontan ohne jegliche Vorbereitung
- Ich habe einen eigenen Artikel in einem veganen Magazin erhalten, wo ich mich und mein Business vorgestellt habe
- Ich wurde für ein professionelles Foto-Shooting des größten veganen Hotels Deutschlands gebucht.
- Ich habe einen Vortrag zum Thema „Transformation durch pflanzliche Ernährung" auf dem Online-Crowdfunding-Event eines veganen Start-ups gehalten
- Mein absolutes Highlight war und ist mein Vortrag „Vom Beruf zur Berufung: Erfüllung statt Hamsterrad" auf der Bühne eines veganen Sommerfestes im Juli 2022

Ich sage dir: Jedes einzelne Ereignis war eine so aufregende Erfahrung, welche mir teilweise Bauchschmerzen und schlaflose Nächte bereitet hat. Ich war sehr aufgeregt und es war ein ständiges Auf und Ab, mental und körperlich. Aber ich hatte die besten Menschen an meiner Seite, die mich auf diese Ereignisse vorbereitet und mich immer wieder aufgefangen haben. Dadurch gewann ich immer mehr an Selbstvertrauen und zog jede einzelne Anfrage durch. Wie du dir vielleicht vorstellen kannst, war der Auftritt auf dem veganen Sommerfest die größte Herausforderung. Ich war das erste Mal auf einer großen Bühne, das habe ich nie für möglich gehalten. Doch es ist passiert, ich habe darauf hingewirkt und auf diesen Tag werde ich bis an mein Lebensende zurückschauen. Ich wünsche mir sehr, dass viele andere Frauen voller Freude und Begeisterung die Bühne verschiedenster Events rocken. Solltest du daher eine Anfrage bekommen, nimm sie unbedingt an. Mit entsprechender Vorbereitung und mentalem Support wirst du das locker schaffen.

Mein Ziel, die vegane Message raus in die Welt zu tragen, hat mich darüber hinaus beflügelt, jede einzelne Anfrage anzunehmen und sie durchzuziehen. Der Veganismus ist mein Herzensthema und ich kann und will nicht länger nur in meinem stillen Kämmerlein sitzen und darauf hoffen, dass sich etwas ändert. Denn das wird es nicht, jede Veränderung braucht Leuchttürme wie dich und mich, die vorangehen und als Vorbild agieren. Außerdem habe ich realisiert, dass ich bis zur Rente nicht mehr in einem sinnlosen Job sein will, bei dem ich Folgendes immer und immer wieder erlebe, höre und spüre: Kennst du auch das ungute Gefühl, wenn es Sonntagabend ist, du an Montagmorgen und an die neue Arbeitswoche denkst?

Hast du auch ständig die Worte deiner Kolleg*innen im Ohr, die du nicht mehr hören kannst und willst:

- Oh nein, schon wieder Montag und wann ist endlich wieder Freitag?
- Am Mittwoch endlich Bergfest, am Donnerstag endlich kleiner Freitag.
- Das ist nicht meine Aufgabe, dafür bin ich nicht zuständig, dafür werde ich nicht bezahlt.
- Nur noch zwei Wochen bis zum Urlaub.
- Endlich nur noch 856 Tage bis zur Rente, dann bin ich endlich weg hier. Kann es denn nicht jetzt so weit sein?
- Mit meinem Gehalt erhalte ich ein einigermaßen akzeptables Schmerzensgeld.

Wie können Menschen in einem Job bzw. in einem Umfeld tätig sein, was sie so beschreiben und es ihnen jegliche Energie raubt, sodass sie ständig müde und erschöpft sind? Wie können sich Menschen 45 Jahre lang ihre wertvolle Lebenszeit wegwünschen, ständig auf etwas warten und immer nur in der Zeit ihres Urlaubes halbwegs glücklich sein?

Inzwischen habe ich dafür gesorgt, dass sich das Blatt bei mir gewendet hat. Wenn ich in meinem veganen Business, sprich für die vegane Mission unterwegs bin, dann ist es egal, dass Sonntagabend ist. Es spielt keine Rolle, dass es bereits 20 Uhr ist oder erst 8 Uhr. Meine Kund*innen und ich, wir wünschen uns unsere Lebenszeit nicht mehr weg. Wir leben jeden Augenblick unseres Lebens. Gehe einmal in dich: Wie ist es bei dir und in deinem Leben?

Klar brauche ich auch Zeit für mich und Pausen, um Kraft und Energie zu tanken. Nur, dass ich mich nach meinem Feierabend sehne oder urlaubsreif bin, sowas kenne ich in meinem Business, sprich in meinem neuen Leben, nicht mehr.

Ich komme immer mehr in meinem erfüllten Leben an, in dem ich das mache, was ich machen will und was mir Spaß bereitet. Ich folge der Freude und arbeite mit tollen Menschen für unsere vegane Mission mit großer Leidenschaft zusammen, sodass wir damit richtig viel Positives für Tier, Natur und Mensch bewirken. Und nicht mit Menschen, die meinen, sie müssen arbeiten, um über die Runden zu kommen. Die in ihrem Job ihre wertvolle Lebenszeit gegen Schmerzensgeld eintauschen, sehnsüchtig auf das Wochenende und den Urlaub warten und auf ihre Rente hinleben. Ich lebe bewusst, erfüllt und komme damit immer mehr aus dem gesellschaftlichen Hamsterrad raus. Und weil ich weiß, was für ein unbeschreibliches Gefühl diese Erfüllung ist, wünsche ich sie mir für jeden Menschen und somit auch für dich.

Du bist nicht auf der Welt, um andere glücklich und es ihnen immer recht zu machen. Du bist nicht auf der Welt, um ein Leben zu leben, dass andere von dir erwarten. Indem du hart arbeiten musst, ständig unter Stress stehst und immer nur funktionierst. Weil MAN es in unserer Gesellschaft so macht, weil es schon immer so gemacht wurde. Dir wurde dieses eine Leben geschenkt und es ist daher deine Pflicht, daraus das Beste für dich zu machen. Dafür zu sorgen, dass du glücklich und erfüllt bist.

Und auch wenn du glaubst, dass es nicht für dich möglich ist. Doch glaube mir, das ist es. Viele Menschen in der Onlinewelt wollen dir glaubhaft machen, dass es von heute auf morgen möglich ist. Bei dem einen oder anderen mag es so sein, doch es bleibt eine Ausnahme. Ich habe es bei mir und bei anderen erfolgreichen Menschen anders gesehen. Jede*r Einzelne davon hat auf den Erfolg (teilweise über Jahre) hingearbeitet, vieles dafür getan und ist immer wieder aus der Komfortzone rausgetreten. Erfolg über Nacht ist eine Illusion. Es bedeutet, dass die Person zuvor unendlich viel investiert hat, Schweiß und Tränen geflossen sind und sie das alte Leben in großen Teilen hinter sich gelassen hat.

Es ist auch für dich möglich

Warum ich so sehr überzeugt bin, dass auch du ein glückliches, erfülltes Leben erreichen kannst? Weil ich es auf meinem Weg bei so vielen Menschen, inklusive mir, erlebt habe. Wie viele Menschen habe ich meine Päckchen zu tragen, einige davon können von anderen als Scheitern bewertet werden.

Ich bin mit Skoliose auf die Welt gekommen, einer Verkrümmung der Wirbelsäule. Dazu gehört auch, dass ein Bein um ca. zwei Zentimeter kürzer als das andere ist. Ich habe bis in mein Jugendalter hinein sehr viel Zeit bei Ärzten und in Krankenhäusern verbracht und sollte auch ein Korsett tragen, was ich nicht tat. Getreu dem Motto: Was denken denn die Klassenkamerad*innen von mir, wenn sie es mitbekommen? Als ich deswegen mit 13 Jahren unter etlichen Risiken operiert wurde, war ich monatelang im Krankenhaus. Meine Wirbelsäule ist seitdem in Teilen mit Schrauben und Stangen versteift und zwei große Narben am Rücken erinnern mich bis an mein Lebensende daran.

Wie du dir sicher vorstellen kannst, ist das ein Teil, der mich, meinen Selbstwert und mein Leben bis in die Jugend hinein in vielen Aspekten negativ geprägt hat. Als ich Kind und Jugendliche war, habe ich damit nicht umgehen können, ich habe mich dafür geschämt. Ich habe es so gut es ging versteckt und alles dafür getan, dass es niemand mitbekommt. Ich habe mittlerweile gelernt, es anzunehmen, dass es egal ist, wenn andere es anhand meiner Narben sehen können. Mittlerweile bin ich sogar dankbar, dass diese Krankheit zu mir gehört, denn sie hat mich auch gelehrt, wie wichtig Gesundheit, Bewegung und Sport für uns alle ist.

Darüber hinaus habe ich ein Studium angefangen, weil mein erster Job einfach doof war. Ich dachte, dieser Weg wird mich glücklich und erfolgreich machen. Und habe es kurz vorm Ende abgebrochen, da es nicht mein Weg war. Ich war frustrierte Jobhopperin. Ich dachte, wenn ich mir einfach einen neuen Job suche, dann wird es bestimmt besser. In meinen 20ern und 30ern habe ich daran geglaubt, eine berufliche Umgebung zu finden, in der ich Spaß bei der Arbeit habe, in der die Menschen etwas bewegen wollen und bereit sind, mehr als nur das Nötigste zu machen. Doch im klassischen Arbeitsumfeld habe ich sie nicht gefunden.

Als ich erkannt habe, dass ich anders sein darf als die Mehrheit der Menschen, als ich Schritt für Schritt meine Andersartigkeit gelebt und gezeigt habe, als ich meinen Beruf mit meinem Herzensthema zur Berufung gemacht, damit meinen Sinn gefunden habe und damit meine Werte vollumfänglich lebe, ist mein Leben erfüllter, glücklicher und besser geworden. Ich weiß, dass ich am Lebensende mit Stolz und Freude auf mein neues Leben zurückblicken werde. Damit du als alter, weiser Mensch beim Sonnenuntergang auf deinem Schaukelstuhl auch glücklich, mit Stolz und Freude auf dein wundervolles Leben zurückblickst, geh mutig für deine Träume los und folge deinem Herzen. Du wirst all diese positiven Gefühle in jeder einzelnen Zelle spüren und dich fragen, warum du nicht schon viel früher für dich losgegangen bist. Damit du das auch erreichst, was du so sehr verdienst, ist mein Buchbeitrag mein liebevoller Popotritt, dass du dich an erste Stelle stellst und endlich für dich losgehst.

Und zwar JETZT.

Meine 6 Tipps für die ersten Schritte zu deinem erfüllten Leben

1. *Schaffe dir Klarheit über dein Warum und triff entsprechende Entscheidungen*
   Mache dich auf deinen Weg und finde deine erfüllende Berufung, die dich glücklich macht, heraus. Dies kann etwas sein, was du schon jahrelang machst, nur passt du, ggf. Schritt für Schritt, die Rahmenbedingungen gänzlich deinen Werten und Vorstellungen an. Oder du probierst einfach verschiedenes aus, was du dir als deine Berufung vorstellen kannst und kommst so deinem erfüllenden Wirken immer näher. Nur fang an und entscheide, was du als Erstes angehst und komm danach in die Umsetzung.

2. *Netzwerke und knüpfe neue Kontakte mit Gleichgesinnten (online und offline)*
   Sprich mit Menschen über deine Vision, Ideen und Vorhaben, die dazu passenden Menschen finden früher oder später zu dir. Mithilfe deines Netzwerkes können sich Möglichkeiten ergeben, an die du zuvor nie gedacht hast.

3. *Investiere regelmäßig in dich und deine Weiterentwicklung und hole dir dabei Experten*innen an deine Seite*
   Damit kannst du die Abkürzung zu deinem erfüllten Leben nehmen, sie teilen ihr Wissen mit dir und du kannst von ihnen lernen. Ich investiere regelmäßig in mich und mein persönliches Weiterkommen und habe schon seit Jahren zwei Mentorinnen an meiner Seite, die mich auf meinem Weg der Transformation begleiten. Ohne ihre Unterstützung und ohne meine umfangreichen Investitionen wäre ich immer noch in meinem alten, unbewussten Leben.

4. *Hab Geduld und Durchhaltevermögen und gib nicht zu früh auf*
   Die Entwicklung meiner eigenen Businessidee hat Zeit in Anspruch genommen, da geht es vielen Unternehmer*innen aus meinem Netzwerk ähnlich. Damit eine Zusammenarbeit zustande kommen kann, ist es notwendig, über längere Zeit die eigene Sichtbarkeit als auch Vertrauen aufzubauen. Daher sind auch bei mir die Anfragen nach und nach eingegangen und die Kundenzusammenarbeit hat sich manchmal auch erst

Monate später ergeben, nach dem ich die Kunden kennengelernt habe.

5. *Vergleich dich nicht mit anderen, sondern geh deinen eigenen Weg Schritt für Schritt in deiner Geschwindigkeit*
   Natürlich kannst du dir bei anderen erfolgreichen Unternehmer*innen Inspiration und Ideen holen. Nur bedenke, dass du es nicht immer 1:1 kopieren solltest. Bleibe dir und deinem Typ treu. Du bist individuell und das sollte auch dein Weg sein.

6. *Wähle weise, welche Meinungen du dir anhörst*
   Ignoriere die Worte und die vermeintlichen Ratschläge von Menschen, die seit Jahren in ihrem unerfüllten Leben gefangen sind. Zieh dein Ding durch, lebe deine Werte und steh dazu, egal was MissPiggy999 mit einem Fakefoto unter deinem Beitrag schreibt. Halte dir immer vor Augen, auf welches Leben du mit welchen Gefühlen in deinem Schaukelstuhl zurückblicken willst. Ist das nicht viel wichtiger als das Geschwätz von anderen, größtenteils dir unbekannten Menschen?

MELANIE WIRTH

UNTERNEHMERIN UND COACH

© Foto:Melanie Wirth

Ich bin Melanie, 50 Jahre jung, Naturliebhaberin und Camper-Woman. Ich liebe es zu Reisen und mit meinem Camper Adriano on Tour zu sein, aber freue mich auch immer wieder zu meiner ‚Homebase' im kühlen Oberfranken zurückzukommen. Ursprünglich aus dem Bankwesen, habe ich danach Sprachen studiert und war lange Zeit im Vertrieb in der Textilindustrie tätig. Ich habe ein veganes Taschenlabel entwickelt und bilde Frauen zu Closerinnen aus, um ihnen damit auch ein selbstbestimmtes Leben zu ermöglichen.

Mehr über mich und meine Arbeit unter
https://beosh.de/philosophie/

Mit dem Kaktus zurück ins Leben

von Melanie Wirth

Mein altes Leben endete am 30.12.2018 und mein neues Leben begann gleichsam. Allerdings verstand ich dies damals natürlich nicht.

Ich befand mich zur Abenddämmerung in Jena, auf einem fast menschenlosen Marktplatz, mein Handy in der Hand und drei Freunde um mich herum. Der letzte Satz hallte noch in meinen Ohren: „Es tut uns leid. Ihr Mann hat es leider nicht geschafft." Ich glaube, ich schrie ein lautes ‚NEIN!!!', aber vielleicht war ich auch stumm. Ich weiß nur, dass ich dachte: ‚Das passiert doch gerade nicht wirklich. Das passiert in Filmen. Man liest davon in Zeitungen. Aber das passiert mir doch nicht.'

Doch als in die entsetzen Gesichter meiner Schwägerin und meiner beiden Freunde schaute, wusste ich, dass es wahr ist. Ich hatte meinen geliebten Mann, meinen Lebenspartner, meinen Anker im Leben, verloren.

Ronny starb einen Tag vor Silvester mit 45 Jahren an einer gerissenen Aorta.
Zwei Tage vorher hatten wir noch unseren Hochzeitstag gefeiert. Eigentlich hatten wir am dritten Dezember geheiratet, aber wir hatten an diesem Tag keine Zeit und feierten so am 28. Dezember nach. Wir waren in Nürnberg bei Alexander Herrmann, weil wir bei diesem Sternekoch in Wirsberg unser Hochzeitsessen zelebriert hatten. Nur wir beide. Es war etwas ganz Besonderes. Und deshalb wollten wir jedes Jahr unseren Hochzeitstag in einem Restaurant von Alexander Herrmann feiern. Es war auch dieses Mal wieder ein toller Tag. Wir hatten ein wundervolles Essen und träumten von unserem zukünftigen Leben. Wir wollten gemeinsam unabhängig arbeiten und immer zeitweise mehrere Monate mit unserem Camper die Welt bereisen. Mein Mann plante, seine Werbeagentur in einer Weise aufzubauen, dass er sich immer ein paar freie Monate herausnehmen kann. Und ich hatte vor, meinen Job im Vertrieb einer international tätigen Möbelstoffweberei an den Nagel zu hängen und im Network Marketing erfolgreich zu werden. Das war unser Plan.

Somit starb an diesem kühlen Dezemberabend nicht nur meine große Liebe, sondern auch mein komplettes Zukunftsgerüst. Ich fühlte mich entwurzelt, schwach und nicht mehr überlebensfähig. Die nächsten Stunden verliefen wie unter einem Schleier. Wir fuhren ins Krankenhaus; Ronnys Schwester und sein Freund hatten die Stärke, meinen Mann anzusehen – ich konnte es nicht. Dann nach Hause zu seinen Eltern und Daniela, Ronnys Schwester, musste ihren Eltern die schlimme Botschaft überbringen. Dann zu mir, zu meinen Eltern, wo ich dann irgendwann auf dem Sofa leer und gefühlt seelenlos eingeschlafen bin. Kurz bevor ich wegdämmerte, kam mir der Gedanke, dass ich in den Rauhnächten[1] geträumt hatte, dass ich bei meinen Eltern auf der Couch geschlafen habe. Mir läuft heute noch ein kalter Schauer über den Rücken, wenn ich daran denke.

Im Nachhinein weiß ich gar nicht, wie ich 2019 überlebt habe. Ich kann mich noch erinnern, dass ich die ersten Monate nicht in unserer gemeinsamen Wohnung bleiben konnte und gefühlt nur in meinem Mini unterwegs war. Von einer Freundin zur nächsten, zu meiner Schwester in Augsburg, die mir, wie auch meine Eltern, eine sehr große Stütze war, zu einer Bekannten nach Ischgl und wieder zurück. Ich musste on tour sein, um wieder etwas zu fühlen. Und so kam es auch, dass mein Vater und ich uns auf eine gemeinsame Camper-Reise begaben. Fünf Wochen, den italienischen Stiefel runter und wieder zurück. Das war eine erste kleine Heilung. Die Gegenwart meines Vaters und die neuen Eindrücke taten meiner Seele gut, obwohl es anfangs schon schwer war für mich, in dem gemeinsamen Freiheitsgefährt, unserem Camper, unterwegs zu sein.

Zurück in Deutschland musste ich mich dann doch irgendwann der Realität stellen und mich um die Werbeagentur meines Mannes kümmern. Ein Jahr lang versuchte ich mich daran, diese weiterzuführen. Das ging das erste Jahr mit der Unterstützung seiner beiden Angestellten ganz gut, aber ich wusste schnell: Das ist nicht mein Metier. Also verkaufte ich die Werbeagentur Ende 2019 und überlegte, wie es nun für mich weitergehen konnte. Eine Sache war mir bewusst: Ich kann nur ins Leben zurückkehren, wenn ich es komplett ändere. Also kündigte ich mutig meinen Angestellten-Job im Vertrieb. Mein Plan war es, im Network-Marketing im Bereich Nachhaltigkeit, was ich bis dahin schon etwas aufgebaut hatte, so erfolgreich zu werden, dass ich davon gut leben kann. Obwohl ich sehr viel Passion und Freude in das Business legte – was übrigens immer noch Teil meines Lebens ist – kam der erwünschte

Geldstrom nicht so schnell, wie ich mir das erwünscht hatte. Zeitgleich startete ich ein Coaching von Bob Proctor[2], das mir auch wundervoll geholfen hatte, über die schwierige Zeit hinwegzukommen. Eines Tages fragten mich die beiden Coaches: „Melanie, magst du nicht für uns im Vertrieb als Closerin arbeiten und die Beratungsgespräche für unsere Kunden übernehmen?" Das klang sehr spannend und ein neues Kapitel begann. Mein neues Leben. Obwohl ich damals nur mäßigen Erfolg hatte und ich auch dieses Kapitel schon ad acta legen wollte, erzählte mir ein Bekannter von einer Closing-Ausbildung. Hier würde ich lernen, wie ich genau solche Gespräche erfolgreich führe. Was hatte ich zu verlieren? Nicht mehr viel. Also ließ ich mich auf ein neues Abenteuer ein und entschied mich für die Ausbildung. Im Anschluss startete ich erfolgreich als Closerin[3], erst bei Barbara Berger, einer Leadership- und Mindset-Trainerin, und später bei Madame Moneypenny. In deren Coaching werden Frauen geschult, wie sie mittels smarten Investments ihre Rentenlücke schließen können. Ein sehr spannendes Coaching, hinter dem ich natürlich voll stehen konnte.

Dann kam Corona und das entscheidende Jahr 2021. Obwohl ich mich mit Mediationstechniken, Dr Joe Dispenza[4] und Bob Proctor Tools und natürlich nicht zuletzt mit der Unterstützung meiner engsten Freunde wieder zurück ins Leben gekämpft hatte, blieb ein gewisses Gefühl zurück, dass ich noch einiges aufzuarbeiten hatte. Als eine Teampartnerin aus meinem Network mir erzählte, sie hätte vor, mehrere Monate nach Mexiko zu gehen, sah ich das sofort als meine Möglichkeit, nochmal einen Cut im Leben zu machen. Nochmal herauszufinden, wo ich wirklich im Leben hinwill. Wo möchte ich leben? Was will ich arbeiten? Mit welchen Menschen möchte ich mich umgeben? Also mieteten wir uns zu zweit eine Airbnb-Wohnung in Playa del Carmen und dieser Aufenthalt war tatsächlich der Start eines neuen Kapitels in meinem Leben. Playa ist der ideale Ort, sich neu zu finden. Mit tollen Angeboten im Bereich Yoga, Spiritualität, Networking und Persönlichkeitsentwicklung. Ich sog das alles in mich auf.

Eines Abends befand ich mich bei einer kleinen Schokoladen-Zeremonie und ein Pärchen erzählte mir auf Englisch von einer Kaktus-Zeremonie. Ich hatte schon von Ayahuasca gehört, einem halluzinogenen Trank, den man in einer Zeremonie zu sich nimmt und der Klarheit, Ruhe und Heilung bringen soll. Die Kaktus-Zeremonie, genannt Peyote, ist etwas Ähnliches, jedoch die ‚mildere Schwester'. Und da waren sie: die beiden

Herzen in meiner Brust. Das Sicherheitsbedürfnis, das mit der Abenteuerlust kämpfte. Sollte ich es wagen, auch mal an so einer Zeremonie teilzunehmen? Mein Kopf hämmerte, mein Herz hüpfte. Ich atmete fünfmal tief durch und beschloss, dass die Abenteuerlust gewinnen sollte. Ich besprach mich mit dem Pärchen und sie wollten mich in einer Woche von Playa aus zu dem Ort der Zeremonie mitnehmen, der außerhalb der Stadt gelegen war. Wie sich später herausstellte, waren die beiden russischen Ursprungs. Und so befand ich mich eine Woche später allein sitzend an einer Tankstelle in Playa, bewaffnet mit Kopfkissen und Decke und wartete darauf, von fremden Leuten abgeholt zu werden. War ich jetzt total verrückt? Was machte ich hier eigentlich? Absurde Gedanken stiegen in mir hoch, gemischt mit Vorfreude, Angst und Panik. Aber da kam das Auto schon: ein schwarzer SUV, bereits besetzt mit fünf russisch sprechenden Männern und Frauen, die auch kaum Englisch verstanden. Okayyyy ... Also alle Warnhinweise in den Wind schicken und mit klopfendem Herzen rein ins Auto. Wir fuhren eine gute Stunde durch den bereits dämmernden Abend, bevor wir in einer sehr abgeschiedenen Gegend ankamen. Es hatten sich schon viele Menschen zusammengefunden, gefühlt eine Mischung aus Einheimischen, Grüppchen von russischen Frauen und Männern ... tja, und ich.

Nervös schaute ich mich um. Es war kaum mehr ein Platz frei in dem großen Kreis, der aus den unterschiedlichsten Sitz- und Schlafmöglichkeiten gebildet worden war. Ich quetschte mich noch seitlich neben einen Baum und wartete auf die Dinge, die in den nächsten Stunden passieren sollten.

Die Zeremonie startete. Vier Schamanen begannen, von Trommeln begleitet, mit einer Rede auf mexikanisch, die ich nicht verstand. Irgendwann bekamen wir einen kleinen Becher, in den uns der Haupt-Schamane vom Peyote ein Getränk eingefüllt hatte. Es hieß, man dürfe sich jederzeit noch einmal holen. Mir war unheimlich. Und ich hatte Respekt. Und dennoch ... trank ich den Becher leer. Und harrte wieder der Dinge, die da kamen. Nach einiger Zeit bemerkte ich, dass sich die Menschen um mich herum irgendwie merkwürdig zu bewegen anfingen. Ich versuchte, die ganze Zeit ins Feuer zu starren. Einer der Russen hatte mir nämlich vorher erzählt, man könnte während der Peyote-Zeremonie mit dem Feuer sprechen und es beantworte alle Fragen. Ich stellte meine Fragen: Wie soll es weitergehen, wenn ich zurück in Deutschland bin? Wohin führt mich der Weg, auch beruflich? Werde ich wieder einen Seelenpartner finden? Allerdings kam nichts zurück. Ich versuchte zu schlafen, aber auch das ging nicht. Aber ich traute mich auch nicht, mir noch einen Becher zu holen. Der Morgen dämmerte und mir selbst dämmerte, dass ich wohl in keinen halluzinativen Zustand gekommen war, wie die meisten Menschen um mich herum. Aber ich hatte tierisches Kopfweh, was eventuell auch auf Wassermangel zurückzuführen war. Zwischenzeitlich war es ja auch noch tierisch heiß geworden. Etwas unzufrieden brachte ich mich und meinen müden Körper samt Kopfhämmern zurück in meine Wohnung in Playa und fiel in einen erholsamen Schlaf.

Ich erwachte am nächsten Morgen und plötzlich war sie da … die Vision, der Gedanke? Ich sah einen Webshop mit Taschen vor mir. Merkwürdig, ich hatte erst diese Woche zwei stylische, handgemachte Taschen in dem kleinen Designershop in Playa gekauft. War das eine Auswirkung der Peyote-Zeremonie? Ich fand die Idee plötzlich sehr spannend. Ich könnte handgefertigte Taschen aus Mexiko einkaufen und in meinem eigenen Webshop verkaufen. Da ich schon immer einen umsetzungsstarken Willen hatte, ging ich noch am gleichen Tag in den kleinen Shop und erkundigte mich nach der Designerin. Der Verkäufer gab mir bereitwillig Auskunft samt Adresse, die nicht weit von Playa entfernt war. Nachdem ich die Dame kontaktiert hatte, setzte ich mich am nächsten Tag ins Taxi und fuhr in diesen malerischen Nachbarort. Sie wohnte in einem schön gelegenen, stylishen Haus – wie sollte es auch anders sein als Designerin? Nach einem kleinen Rundgang zeigte sie mir ihr kleines Atelier mit verschiedenen Taschen und Accessoires. Ich besprach meine Idee mit ihr, ihre Taschen zu kaufen und gebrandet in meinem eigenen Webshop in Deutschland zu verkaufen, und sie war grundsätzlich offen dafür. Das war also der erste Schritt meines neuen Business, das sich dann doch ganz anders entwickeln sollte.

Bereits drei Tage später nahm meine Idee nämlich eine ganz andere Wendung. Da traf ich mich mit meiner Freundin Kati am Pool auf dem Dach ihrer gemieteten Wohnung und während wir uns auf ihrer pinken Flamingo-Luftmatratze auf dem Wasser sonnten, unterhielten wir uns über meine Zeremonie. Plötzlich erzählte mir Kati von einem Bericht, den sie vor kurzem gelesen hatte, in dem es um zwei Mexikaner ging, die veganes Leder aus Kaktus herstellen. ‚Wie krass', dachte ich mir. Leder aus dem Nopalkaktus. Und plötzlich ploppte dieser Gedanke bei mir auf und es ergab alles einen Sinn. Natürlich werde ich nicht einfach Taschen kaufen und wieder verkaufen. Natürlich kreiere ich meine eigenen Taschen.

Natürlich benutze ich dazu ein ganz besonderes Material: Kaktusleder. So spannend, wie plötzlich alles ineinandergreift. Connecting the dots. Beflügelt von meiner Idee lief ich in meine Wohnung und packte meine Koffer. Es waren nämlich die letzten zwei Wochen meines Aufenthalts angebrochen und diese wollte ich nutzen, um zu reisen und noch mehr von Mexiko zu sehen. Aber auch hier wieder zeigte mir das Leben, dass man oft nicht planen kann. Kaum war ich angekommen auf der ersten Insel, ging es mir plötzlich sehr schlecht und ich ahnte es schon: Eine Infektion hatte mich erwischt. Nach drei Tagen im Bett mit starkem Fieber schleppte ich mich zurück nach Playa ins Krankenhaus, um dort die Gewissheit zu bekommen. Nach vier Wochen fühlte ich mich wieder fit, der Test zeigte auch an, dass ich fliegen konnte und so begab ich mich Ende Juli zurück nach Deutschland - leider ohne meine Mexiko-Tour angetreten zu haben, aber mit einer neue Businessidee im Gepäck.

Die erste Augustwoche, meine erste Woche wieder zurück in Hof, war überraschend sonnig-heiß und so nutzte ich einen lauen Sommerabend, um mit meiner Freundin Nicole ein After-Work-Event zu besuchen. Es war recht gut besucht, die Atmosphäre war angenehm, der Weißwein gut gekühlt und ich befand mich an einem Tisch mit acht mir fremden Frauen. Mit einer davon kam ich direkt ins Gespräch. Sie hieß Dagmar. Ich erzählte ihr, dass ich im Bereich Nachhaltigkeit tätig bin. Daraufhin sie: „Ich auch“. Spannend, dachte ich mir. „Was machst du genau?“, fragte ich sie. Sie erzählte mir, sie sei Inhaberin einer kleinen Näherei vor Ort. Wie krass, dachte ich mir und fragte weiter, was sie denn so nähen lasse. Wenn sie jetzt „Taschen“ sagt, dann fall ich vom Stuhl, dachte ich mir innerlich. Ich holte tief Luft, schaute sie an und ihre Worte hallen noch immer in meinen Ohren: „Taschen zum Beispiel“. Und so startete ich meine erste Kollektion mit der Näherei von Dagmar, deren Produktionsstätte unglaublicherweise 100 Meter Luftlinie von meiner Wohnung entfernt liegt. Wenn man offen ist, Impulse anzunehmen, die das Leben einem schenkt, dann kann einfach Wunderbares geschehen.

Ich bekomme ja oft die Frage gestellt, woher der Brand-Name beosh kommt.
Die Werbeagentur meines verstorbenen Mannes trug den Namen Beofox. Er erklärte mir bei seiner Gründung, dass „beo” aus dem lateinischen kommt und „glücklich machend“ bedeutet. Da ich mit beosh nicht nur die Träger:in meiner Tasche, sondern auch die Tier- und Umwelt glücklich machen möchte, sollte beo ein Bestandteil des Namens sein.

Außerdem trage ich Ronny so immer bei mir und ein weiterer Kreis schließt sich für mich.

beosh sollte jedoch nicht mein einziges Unternehmen bleiben, das ich nach dem Tod meines Mannes gründete. Und beosh sollte sogar auch der Ursprung für ein neues Business sein. Es hat sich wie folgt abgespielt: Nachdem ich mit beosh erfolgreich gestartet bin, und sogar zwei Fernsehbeiträge und den Gewinn des Entrepreneurship Summits in Berlin auf meine Fahne schreiben durfte, beschloss ich, nach Mailand zu fahren. Der Plan war, mir neue Inspirationen auf der Fashion Week einzuholen und die neue Produktionsstätte meines mexikanischen Lieferanten des Kaktusleders zu besuchen. Begleiten wollte mich Eva, eine gute Freundin von mir. Ich war gerade dabei, meine verschiedenen Outfits zusammenzustellen, als ihr Anruf kam „Mich hat es erwischt. Bin total erkältet. Kann sein, dass ich nicht mitkommen kann.“ So war es dann auch. Ich war enttäuscht und wusste nicht, ob ich die angemietete Wohnung und den Trip stornieren sollte. Diana, meine spirituelle Freundin, machte mir den Vorschlag, doch meine Suche nach einer Mailand-Begleitung in den WhatsApp-Status zu packen. „Einen Tag vorher, Diana?“, fragte ich sie mit gerunzelter Stirn. „Da wird sich ja wohl niemand melden.“ Ich machte es trotzdem und entschied mich, am nächsten Tag dennoch alleine loszufahren. Kurz vor dem Brenner kam ein Anruf rein. Natascha, die Freundin, mit der ich in Mexiko einen Monat das Apartment geteilt hatte, war am Telefon. Was für eine schöne Überraschung, dachte ich. Wer weiß, wo die Globetrotterin sich gerade befindet. „Du, Mela, ich bin gerade in Hamburg wieder gelandet und hab deine Nachricht im Status gelesen. Ich könnte mit nach Mailand kommen.“ „Tasha, ich bin schon unterwegs und bleibe nur bis Sonntag.“ „Ja, macht nichts“, lautete ihre Antwort, „ich setz mich in den Nachtzug.“ Und so kam es, dass ich am nächsten Tag Tasha mitten in Mailand wieder traf. Wir verbrachten zwei wunderschöne Tage dort, inklusive einer Fashionshow-Besichtigung, einer After-Fashion-Cocktail-Einladung und vielen coolen Fotoshoots mit meinen beosh-Taschen. „Go with the flow“ war unser Motto. So hatte ich es tatsächlich auch vor Tashas Ankunft geschafft, mich ohne Einladung in das Bvlgari-Fashionevent reinzumogeln. Das war ein Spaß! Melanie mit beosh zwischen all den Fashionikonen - das habe ich wirklich voll und ganz genossen.

Irgendwann wurde es dann auch Sonntag und wir saßen in meinem Auto, um die Heimfahrt nach Hof anzutreten. Auf der langen Rückfahrt quatschen wir über Gott und die Welt. Ich erzählte Tasha, dass ich die Businessideen hätte, eine Closer-Academy für Frauen zu gründen. Ich arbeitete ja seit einem guten Jahr sehr erfolgreich als Closerin. Meine Freundin Dany, die miterlebte, wie viel Freude mir das machte und wie gut ich hier verdiente, wollte es mir gleichtun. So kam es, dass wir gemeinsam online eine Ausbildungsmöglichkeit für sie suchten. Ich hatte damals meine Ausbildung ja auf Englisch bei einem Mann gemacht. Beides wollte sie nicht. Aber wir fanden keine Ausbildung auf Deutsch bei einer Frau, die ihren Werten entsprochen hätte. Das war der Punkt, an dem der kleine Gedankensamen in mir wuchs, dass ich das selbst in die Hand nehmen und die Closing-Branche noch mehr für Frauen öffnen könnte. Empathisches, ethisches Verkaufen lehren, Frauen die Chance geben, ortsunabhängig und zeitlich flexibel zu arbeiten. All das erzählte ich Tasha und sie war gleich Feuer und Flamme. Was ich nämlich nicht wusste: Auch sie hatte eine Closing-Ausbildung durchlaufen, auch bei einem Mann. „Wollen wir gemeinsam gründen?“, platzte es aus mir heraus. Das war der Start meines zweiten Business-Babys zusammen mit Tasha: Die Close-to-Freedom Academy war geboren. Eine Akademie von Frauen für Frauen, in der wir Frauen zu Closerinnen ausbilden. Hätte mir jemand mal vor fünf Jahren gesagt, ich werde mal dreifache Unternehmerin - ich hätte lauthals gelacht.

So kam es, dass die letzten drei Jahre sehr mit Unternehmertum gefüllt waren, mit Aufgaben, die mich forderten, aber die mir auch unheimlich viel Freude bereiteten. Jetzt verstehe ich, was das Zitat „Wenn man liebt, was man tut, muss man nie mehr arbeiten“ wirklich bedeutet. Deshalb ist aktuell mein größter Fokus, diese Freiheit durch unsere Closing-Ausbildung auch vielen anderen Frauen zu ermöglichen. Wenn ich es geschafft habe, damit so viel zu verdienen, dass ich ein zweites Unternehmen, mein veganes Taschenlabel, aus Eigenmitteln damit gründen konnte, dann können dies andere Frauen auch. Die Begleitung unserer Teilnehmerinnen erfüllt mich vollends und ich habe das Gefühl, gefunden zu haben, wofür ich hier bin: andere Frauen in ihre Stärke zu bringen, sie zu inspirieren, ihnen Mut zu geben und sie mit unserer Ausbildung unabhängig zu machen. Das ist mein Herzensprojekt für die nächsten Jahre.

In all dem Gründen und Neu erfinden habe ich natürlich meine eigenen, privaten Ziele nicht vergessen. Mein Camper namens Adriano ist eine meiner großen Leidenschaften und so kam es, dass ich den Traum, den ich gemeinsam mit meinem Mann gehegt hatte, nun ganz allein in die Wirklichkeit umsetzte. Nachdem ich mit Adriano bereits eine Abenteuertour durch das Baltikum und Nordland erlebt hatte, war es an der Zeit für eine neue Freiheits-Reiseroute. Ich plante eine Campertour über Slowenien, Kroatien, Montenegro bis nach Albanien, die über zwei Monate dauern sollte. Bewaffnet mit meinem Laptop und einem Router - weil ich von unterwegs aus arbeiten wollte – startete ich Anfang Juli mein Vorhaben voller Vorfreude und einer gesunden Portion Respekt vor den Herausforderungen, denen ich mich wohl stellen müsste – denn sie gehören nun mal dazu. Der erste Campingplatz war nicht sehr weit von meinem Heimatort entfernt und war einer meiner Lieblingsplätze in Bayern: die Schnitzmühle.

Dort verbrachte ich meine ersten vier Tage und wartete auf das Eintreffen der bestellten SIM-Karte, die mich in meinem mobilen Router von überall aus mit Netz versorgen sollte. Am Tag meiner Abreise war die Karte nicht angekommen und ich vereinbarte mit der Rezeption, sie mir zu meinem Campingplatz in Slowenien nachzusenden. Ich verbrachte einige schöne Tage in Slowenien, genoss die Natur und das Wandern und kam schließlich in Ljubljana an, wohin man mir die Karte schicken wollte. Am Samstag reiste ich wieder ab - ohne SIM-Karte. Man versprach mir, die Karte zu meinem Campingplatz nach Kroatien nachzuschicken. Die Sonne immer bei mir, reiste ich ins wunderschöne Kroatien zum Ujca Camp, angeblich eines der schönsten Campingplätze Kroatiens. Am Camp angekommen, wurde erstmal die Höhe meines Kastenwagens abgefragt, da ich einen Tunnel mit nur 2,85 m Höhe und 3 m Breite passieren musste. „2,65 m, glaube ich“, sagte ich etwas unsicher und schaute den genervten ‚Tunnelpförtner‘ an. Es wäre mein eigenes Risiko, meinte er. Etwas aufgelöst rief ich meine einzige Rettung an: meinen Daddy. Ich erklärte ihm meine Lage und Unsicherheit, ob die 2,65 m sicher ausreichten, weil ich befürchtete, dass die Dachhauben nicht eingerechnet wären. Daddy gab mir grünes Licht, ich setzte mich schweißgebadet in meinen Adriano und rollte langsam auf den Tunnel zu. „Augen zu und durch“, waren meine letzten Gedanken, als ich mit Adriano im Tunnel verschwand, und – glücklicherweise – unversehrt auf der anderen Seite wieder herauskam.

Als Belohnung wartete einer von drei Plätzen direkt am Meer auf mich. Ich genoss die Zeit dort und meine Online-Arbeit mit direktem Meerblick – ein Traum. Der letzte der gebuchten Tage meines Aufenthaltes rückte näher, ohne dass meine SIM-Karte angekommen war. Ich kann die nicht auch noch nach Montenegro nachschicken lassen, dachte ich verzweifelt. Doch glücklicherweise – kurz vor Abfahrt – bekam ich einen Briefumschlag überreicht: Meine nachgereiste SIM-Karte lag endlich in meinen Händen. Dass ich sie letztendlich gar nicht einsetzte, sondern meist über Karten vor Ort arbeitete, darf ich wirklich niemanden erzählen. Was das Online-Arbeiten im Camper betrifft, so kann ich sagen, dass ich während meiner Reise sicherlich mehr als zehn Gründe kennengelernt habe, warum mein Laptop plötzlich ausgehen kann. Wunderbare Konsequenz: In diesem Thema bin ich nun absolut sattelfest. Trotz der ganzen Herausforderungen wie Riesenheuschrecken im Camper, ein kaputtes Klo, nicht funktionierende Kreditkarten und kein Bargeld in Sicht, habe ich die Reise aufgesaugt und mit absolutem Genuss erlebt und freue mich schon jetzt auf meine nächste Work-and-Travel-Tour.

‚Was ist mit den Männern?' werde ich oft gefragt. Habe ich eine neue Liebe gefunden? Nein, noch nicht. Und als ich jetzt diese letzten Zeilen schreibe, sitze ich in Albanien, vor meinem Camper, mit Blick aufs Meer und genieße den Sonnenuntergang. Es sind nun unglaubliche viereinhalb Jahre vergangen, seitdem ich Ronny verloren habe. Das erste Jahr nach Ronnys Tod war emotionslos, seelenlos, lieblos. Ich hätte mir nie vorstellen können, dass mich jemals ein Mann wieder in den Arm nehmen könnte. Natürlich wusste ich auch, dass Ronny, wo auch immer er jetzt ist, mir genau das aus tiefstem Herzen gönnt. Dass auch ich wieder glücklich bin, eine neue Liebe finde. Das Jahr darauf kehrte etwas Leben in mir zurück und so unglaublich es klingt und sich anfühlte, aber ich verliebte mich in mein allererstes Tinder-Date Tim (Namen geändert). Tim war genau das, was ich mir von einem Mann versprochen hatte: groß, mit Bart, Tattoos am Körper, ein Unternehmer mit einem großen Mindset und er war auch kürzlich mit einem Camper in Norwegen unterwegs gewesen. Ich hätte mir nie gedacht, dass ich nach eineinhalb Jahren bereits wieder etwas Derartiges fühlen konnte. Aber die Schmetterlinge waren da. Unglaubliche zwei Wochen lang. Dann zog sich Tim plötzlich vor mir zurück und ich spürte, dass das keine Zukunft mit uns haben wird. Ich war wieder am Boden. Aber ich wusste, dass ich auch das überleben werde.

Mein heiliges Viergestirn aus meinen Freundinnen mit Buchstaben D – Dine, Dany, Diana & Doreen, sowie meiner besten Freundin Nicole unterstützten mich dabei so gut es ging. Was hätte ich ohne meine Freundinnen in dieser Zeit gemacht? Da habe ich wieder den Wert von einer guten Freundschaft schätzen gelernt. Zum Trost stürzte ich mich in eine neue Tinder-Beziehung. Robert (Namen geändert) war gutaussehend, anfangs liebevoll und er half mir über diese Enttäuschung hinweg. Aber hier merkte ich selbst wiederum, dass wir keine Zukunft hatten. Er sah schon unsere gemeinsame Zukunft mit Heirat, ich bei ihm im Haus, usw. aber DAS war ich nicht mehr. Melanie 2.0 liebte ihre Freiheit, und ja – sie wollte wieder eine Beziehung, in der sie ankommen kann, so wie sie es bei ihrem Mann Ronny gespürt hatte. Aber sie wollte keine 24/7-Beziehung und auf keinen Fall in ein Haus in Oberfranken ziehen. So viel war mir klar. So kam es dann, dass diese Beziehung nach einigen Monaten ihr Ende fand.

Seitdem bin ich auf der Suche, mal mehr und mal weniger. Ich würde behaupten, ich führe eine On-Off-Beziehung mit Tinder. Tinder hat mir viele sprachlose Momente geliefert, bei denen ich wirklich an der Spezies Mann zweifelte, aber ich durfte auch den ein oder anderen aufregenden Moment für mich mitnehmen. Zum Beispiel als ich mit meiner Freundin Nicole nach meiner Mexiko-Rückkehr eine Tour mit meinem Camper zum Gardasee machte. Nicole meinte, ich solle doch mal meinen Tinder-Status ändern, sodass die Männer anzeigt werden, die sich in meiner näheren Umgebung befinden. „Was bringt das?", schnauzte ich Nicole an, während ich den Camper in die enge Campingplatz-Einfahrt bei Bardolino manövrierte. „Ich will keinen One-Night-Stand." Aber gut, ich befolgte ihren Rat - und hatte plötzlich so viele gutaussehende Italiener auf meinem Profil. Ich kann mich noch genau daran erinnern, als wir vor unserer Lieblings-Bar in Bardolino saßen, wir nannten sie ‚Laufsteg', weil wir von unserem Platz aus so schön die passierenden Menschen beobachten konnten. Während ich von meinem Amaro Sour nippte, tippte ich mal wieder wahllos auf meinem Tinder-Profil umher, als ich plötzlich ausrief: „Nicole, das ist ja ‚ne Schnitte". Nicole schaute auf mein Handy und swipte nach rechts. „Heee, was soll das", sagte ich, aber so schnell war das Match geboren. Ich kratzte mein bestes Italienisch zusammen und, schwups, hatten wir uns für den nächsten Tag verabredet.

Mauro wollte morgens zum Frühstücken an den Campingplatz kommen. Aufgeregt holte ich mit Nicole gemeinsam Brötchen, ich räumte mal vorsichtshalber im Camper auf und dann lief ich mit Nicole hoch zur Rezeption. Da stand er schon, mit seiner Vespa, braun gebrannt, Locken schauten aus seinem Helm heraus, er lächelte mich verschmitzt an ... und ich war einfach nur verzückt. Dann kam die Ernüchterung: Die C-Regeln des Campingplatzes bestimmten, dass in dieser Saison keine Gäste den Campingplatz betreten durften. So ein Mist! Also verabredeten wir uns auf einen Kaffee in Bardolino, während Nicole auf dem Wochenmarkt shoppen ging. Der Espresso war schnell getrunken und dann spazierten wir beide etwas enttäuscht noch durch die Gassen mit den ganzen Markt-Ständen und unterhielten uns so gut es ging mit meinem VHS-Italienisch. Plötzlich standen wir in einer Gasse, die wohl eine Sackgasse war und Mauro wollte schon umdrehen, als ich ihn in die Sackgasse zog. Tja, was soll ich sagen: Das Leben ist ein Abenteuer und auch ich habe gelernt, von den Früchten des Lebens zu kosten, wenn sie mir offeriert werden. Auch mal genießen zu dürfen, ohne dabei ein schlechtes Gewissen zu haben. Zu nehmen, ohne dafür geben zu müssen. Nein zu sagen, wenn es sich nicht gut anfühlt. Dadurch bin ich auch gewachsen und unglaubliche Dinge sind entstanden!

Ich hätte nie gedacht, dass ich jemals eine dreifache Unternehmerin werde. Dass ich neben meinem Network noch zwei andere Firmen gründen werde. Dass ich jetzt sogar in der Cosmopolitan beim Award für starke Frauen eine der Finalistinnen im Bereich #fearless bin. Dass ich allein mit meinem Camper jetzt schon fast zwei Monate unterwegs bin und endlich die Freiheit lebe, die ich mir lange ersehnt habe. Ja, ich bin wieder glücklich. Anders. Ronny fehlt immer noch. Es gibt immer noch Momente, in denen eines unserer Lieder gespielt wird oder mir ein Witz einfällt, den nur wir beide verstanden haben, und dann sind sie wieder da. Die Tränen laufen mir unerwartet in Strömen übers Gesicht. Mir fehlt das Angekommen-Gefühl, das ich zusammen mit ihm hatte. Aber ich bin zurück im Leben. Und möchte all den unglücklichen, enttäuschten, schicksalsbehafteten Frauen hinausrufen:

Glaubt an euch! Glaubt an das Leben! Das Leben ist ein Spiel, ein Abenteuer. Wir dürfen wagen und uns dem Leben hingeben. Wir dürfen auf die Impulse und Zeichen des Lebens vertrauen, sie für uns annehmen und auf unsere ganz eigene Reise gehen. Ich bin schon sehr gespannt, welche Abenteuer zukünftig auf mich warten.

Legende:

[1] Als Rauhnächte werden die 12 Nächte zwischen Weihnachten und dem Tag der Heiligen Drei Könige am sechsten Januar bezeichnet. In alten Tagen wurden die Nächte zwischen den Jahren genutzt, um einen Blick in die Zukunft zu werfen.

[2] Bob Proctor: kanadischer Mindset-Coach und Autor

[3] Closerin: Die Aufgabe eines Closers besteht darin, die Beratungs- und Verkaufsgespräche mit potenziellen Käufern, für z. B. Coaches zu führen.

[4] Dr Joe Dispenza ist ein amerikanischer Neurowissenschaftler, Buchautor und Dozent für Bewusstsein und Persönlichkeitsentwicklung.

ELSA SCHLÄPFER

FAMILIENCOACH

© Foto: Elsa Schläpfer

Ich bin 39 Jahre jung und habe drei Kinder im Alter von 9,12 und 14 Jahren. Ich lebe mit meinem Mann, der sechs Kinder aus einer früheren Ehe hat, in der Schweiz. Schon als kleines Mädchen habe ich viel wahrgenommen, was dazu geführt hat, dass meine Schulzeit unglücklich war. Als meine Kinder in die Schule kamen und es ihnen ähnlich ging, wollte ich ihnen diese Erfahrung ersparen. Ich wollte, dass meine Kinder sich frei entfalten können und glücklich sind. Vor sieben Jahren habe ich begonnen meine Kinder im Homeschooling unterrichten lassen. Vor zwei Jahren kam dann der Schritt zu freilernend, was der ganzen Familie sehr viel Freiheit gibt. Heute begleite ich mit meinen Erfahrungen, meinem Wissen und Energiearbeit...

Mehr über mich und meine Arbeit unter

www.facebook.com/schlapfer.elsa

Das Bauernmädchen

von Elsa Schläpfer

Es war einmal ein kleines Mädchen, das sehr früh viel wahrnahm. Denn wenn sie vom Kindergarten nach Hause kam, und ihre Mutter nicht in ihrer Mitte war, konnte sie ihr Sachen sagen, die sie wahrnahm, aber nicht wusste, dass sie in Wirklichkeit wahr waren. Und ihre Mutter war sehr erstaunt, dass sie das alles wahrnahm. Als das Mädchen ihre Wahrnehmung ihrer Mutter in den Details erklärte, verstand die Mutter die Welt nicht mehr und sie hörte auf zu weinen, und sagte zu ihrer Tochter, dass das doch nicht gehe. Denn das Mädchen hatte wahrgenommen, dass die Mutter nicht glücklich war mit dem Vater des Mädchens. Und sie hat wahrgenommen, dass ihre Mutter eine andere Beziehung hatte.

Das Mädchen war gerade mal fünf Jahre alt und die Mutter suchte verzweifelt nach einem anderen Ausweg. Immer wieder versuchte sie, mit dem Vater eine Bindung aufzubauen, aber der Vater war im Herzen wie versteinert. Die Mutter versuchte immer, im Außen einen Halt zu finden, deshalb hatte sie bald wieder einen neuen Mann. Es ging etwa fünf Jahre, bis es den großen Knall zwischen dem Vater und der Mutter gab. Denn die Mutter konnte es so lange vertuschen. Und trotzdem war das Mädchen davon überzeugt, dass der Vater es spürte. Der Vater und die Mutter hatten immer wieder versucht, dass die Ehe funktioniert. Da die Mutter keinen anderen Weg nehmen konnte, verließ sie bei Nacht und Nebel die Familie. Das Mädchen war mit ihren zehn Jahren gefühlt verlassen (alleine). Denn mit ihrer Mutter konnte sie über alles sprechen und ihre Mutter mit ihr auch. In dieser Zeit verstand das Mädchen die Welt nicht mehr. Und trotzdem war es eine riesige Erleichterung für uns Kinder, denn dass unsere Eltern dauernd streiten, wollten wir ja auch nicht. Etwa einen Monat später hat die Mutter angerufen um zu sagen, wo sie ist. Sie war bei der Patentante des kleinen Mädchens. Was war das für eine Erleichterung für die Geschwister! Die Patentante wusste viel über die Ehe. Sie waren viel zusammen. Das Mädchen war sehr dankbar für diese Patentante.

Dieses Mädchen musste sehr früh überall, wo Hilfe benötigt wurde, mithelfen und war auf sich selber gestellt. Sie empfand es nie als schlimm und sie spielte viel die Große, die schon alles alleine meistern konnte.

Das Mädchen lachte immer sehr viel und versprühte gegen außen immer frohen Mut.

Dieses Mädchen war ich.

Dieses kleine Mädchen wollte immer, dass es jedem von der Familie gut geht. Es nahm sehr früh wahr, dass die Eltern nicht so sind, wie sie gerne sein würden. Und die Mutter hat viel einstecken müssen.

Das Mädchen hatte noch vier ältere Schwestern. Den Schwestern wollte sie immer gefallen, und trotzdem ging das meistens schief, denn niemand wollte und konnte das kleine Mädchen verstehen, die so viel wahrgenommen hatte. Es hatte dann immer wieder etwas, das man im Außen sehen konnte. Zum Beispiel einen Skiunfall, an Krücken gegangen usw. Und warum hatte ich das? Ich wollte endlich mal gesehen werden. Denn ich war da, aber es sah mich fast niemand. In der Familie wurde nicht über den Körper, Sex, Tod, für sich hinstehen, sich lieben, Lebensfreude gesprochen. Wir hatten einen Onkel, der immer wieder mal im Sommer, wenn der Vater nicht zuhause war (er musste auf die Alp und wieder zurückfahren) bei uns vorbeikam und immer einfach ins Haus trat, was mich persönlich nicht störte.

Aber er kam immer dann, wenn wir am Duschen waren, ins Badezimmer und hat sich alles erlaubt…
Ich war sehr mutig und wollte einfach respektvoll behandelt werden. Darum habe ich immer wieder den Mut gefasst, es dem Onkel ganz anständig zu sagen, dass wir das nicht möchten. Es war mir ein Anliegen, dass es allen gut geht, und trotzdem hörte das Betatschen in der Familie nicht auf.

An einem Tag, ich war etwa acht Jahre alt, war ich mit dem Onkel alleine auf der Alp und er betatschte mich wieder mal. Da wurde es mir zu bunt und ich fragte meinen Onkel, wie er es denn finden würde, wenn ich seine Tante wäre und ich ihn einfach an seinem Körper rumfummeln würde. Da wurde er wütend und ist gegangen. Und ich machte meine Arbeit fertig auf der Alp. Als ich am nächsten Tag von der Alp runtergekommen bin, waren alle meine Schwestern und meine Mutter wütend auf mich.

Ich verstand die Welt nicht mehr, bis meine Mutter mir erzählte, dass der Onkel sehr wütend zu ihnen kam, und über mich schimpfte, und sagte, dass ich keine Achtung hätte, dass ich frech sei zu den Erwachsenen. Als ich in dem Bewusstsein war, sagte ich mir innerlich: „Es ist mir egal was sie sagen, ich bin für mich eingestanden."

Das Mädchen hat immer mehr diese Wahrnehmungen weggedrückt und ignoriert. Es ging ihm immer schlechter, weil es seine Wahrnehmung nicht mehr erzählen konnte. Sie wollte sich immer wieder etwas antun, um diese komische Welt zu verlassen. Denn niemand außer einer einzigen Freundin und ihrer Patentante verstanden sie. Diese einzige Freundin ist heute noch meine beste Freundin und leider ist meine Patentante gestorben, als ich 14 Jahre alt war. Als ich das erfahren habe, brach für mich nochmals eine Welt zusammen. Auch in dieser Zeit habe ich viel wahrgenommen und einfach runtergeschluckt und die Gefühle und Emotionen unterdrückt.

Mein größter Wunsch war es immer, von der eigenen Familie geliebt und verstanden zu werden. Heute bin ich sehr dankbar für die Familie, denn ich konnte mir und meiner Familie verzeihen.

Schulzeit

In der Schule war ich nicht so gut. Ich darf auch gestehen, vieles was ich nicht verstanden habe, wollte und war ich nicht bereit zu lernen. Ich hatte dann in der ersten Einführungsklasse (so hieß es früher bei uns, anstatt drei Jahre Kindergarten) einen sehr liebenswerten Lehrer, der sich sehr viel Mühe gab. Denn ich darf dazu sagen, ich war ein Mädchen, das länger als andere Kinder brauchte, um etwas zu verstehen. Deshalb wurde ich auch zum Teil als dumm bezeichnet. Und welcher Mensch ist schon gerne dumm? Oder gehört nicht gerne dazu?

Dann kam ich in die erste Klasse und da würde ja die schöne Zeit beginnen, denn man sagte mir immer: „So schön, jetzt kannst du in die Schule und da lernst du alles." Tja, bei mir war das nicht so, denn ich hatte zwei Lehrer, die überfordert mit mir als Schülerin waren, denn es war nicht einfach, mir gewisse Themen zu erklären. Einmal gab mir der Lehrer eine Ohrfeige, nur weil ein anderes Mädchen mir helfen wollte. Und er sagte, dass ich abgeschrieben habe und nur ich daran Schuld hatte. Ich lief dann weinend nachhause. Man sah auf meiner Wange den Handabdruck des Lehrers, aber zuhause haben sie mir nur gesagt: „Da warst du bestimmt nicht unschuldig." Das habe ich sehr oft gehört. Einmal hatte ich vom selben Lehrer im Turnunterricht vor der ganzen Klasse eine Ohrfeige erhalten, weil ich angeblich falsch reagiert hätte. Und einmal im Schwimmunterricht bin ich grad getaucht, als der Lehrer etwas gesagt hat, und er zog mich nach oben und dabei knallte mein Kopf an den Beckenrand. Davon habe ich eine Gehirnerschütterung bekommen. Das habe ich immer zuhause erzählt, aber niemand verstand mich und nahm mich wahr. Ich war trotzdem immer ein aufgestelltes Mädchen.

Als ich dann einen Lehrerwechsel hatte, freute ich mich riesig, denn ich dachte, dass es jetzt besser werden würde - die Hoffnung stirbt bekanntlich zuletzt.

In der vierten Klasse durfte ich dann ins Dorf gehen. Da fühlte ich mich sehr groß. Bis zu den Herbstferien war es echt super. Nach den Ferien hatten wir einen Test in Mathematik geschrieben, als der Lehrer zu mir sagte, dass ich zu ihm nach vorne kommen solle. Dann sagte er vor der ganzen Klasse: „Elsa, du bist so dumm, dass du irgendwann ins Johanneum (eine Behindertenstätte in unserem Dorf) kommst." Das machte mich sehr traurig.

Danach hatte ich immer sehr einfühlsame Lehrer, bis ich aus der Schule kam.

Ich war erst in dem Hauswirtschaftsjahr bereit, richtig zu lernen. Dort war ich für ein Jahr bei einer liebevollen Familie auf einem Bauernhof. Eine richtige Ausbildung (drei Jahre) wie es im System üblich ist, habe ich nie gemacht. Aber ich habe immer gearbeitet und mich selbst durchs Leben gebracht. Ich habe in der Gastronomie und in der Pflege gearbeitet. Ich war mir für nichts zu schade, denn ich habe von Zuhause gelernt, dass man immer eine Arbeit findet - egal was.

Ich habe mir sehr wenig zugemutet, denn ich war viel zu lange in dem Modus, dass ich nichts kann und nicht genug bin.

Erwachsen sein

Bis ich 20 Jahre alt war, habe ich viel gearbeitet, bin ausgegangen und habe mich oft abgelenkt.

Mit 20 Jahren kam ich mit meinem Mann zusammen. In dieser Zeit kam ich das erste Mal mit Energiearbeit in Berührung. Damals dachte ich, dass es das nicht gibt und lachte meinen Mann aus. Von da an lernte ich mich wieder neu kennen und verspürte das erste Mal wieder Gefühle. Ich durfte wieder lernen, bei jemandem zu weinen, mit jemandem zu sprechen und ich wusste: Der versteht, was ich wahrnehme. Ich schenkte meiner Wahrnehmung immer mehr Aufmerksamkeit.

Mama sein und Verantwortung übernehmen

Mit 25 Jahren wurde ich das erste Mal Mama von einem wundervollen Sohn. Zwei und fünf Jahre später nochmals von zwei wundervollen Töchtern.

Die Zeit verging und unser Sohn wurde 2014 eingeschult. Ein Jahr später ging meine ältere Tochter schon in den Kindergarten. Von dort an nahm ich meine Kinder so stark wahr, als gäbe es nichts anderes mehr außer Stundenplan und Termine.

Alle in unserem Umfeld sagten, wenn die Kinder in den Kindergarten und in die Schule kommen, lebe man als Familie ganz anders. Am Anfang war es ganz schön, bis zu dem Tag, als mein Sohn von der Schule (erste Klasse) nachhause gekommen ist, und sagte, er sei dumm, und er könne nichts. Bis dahin war alles ziemlich gut.

An einem anderen Tag kam meine größere Tochter nachhause, und es war ihr einfach nicht so wohl im Kindergarten. Und da waren weder die Kindergärtnerin noch die Lehrerin komisch, sondern sie fühlten sich einfach nicht wohl und es gefiel ihr nicht.

Ich spürte immer mehr, dass meine Kinder nicht in das Ganze von dem, was hier gelebt wird, hineinpassen. Von dem Zeitpunkt fing ich an zu recherchieren, ob es auch Alternativen gibt.

Schnell lernte ich Gerald Hüther, Andre Stern und zwei Familien, denen es auch so gegangen ist, kennen. Durch die zwei Familien habe viel Mut bekommen und wir entschieden uns für den alternativen Weg. Ich bin auf diesem steinigen Weg sehr gewachsen. Und fing damals an, in meine eigene persönliche Entwicklung zu investieren.

Die große Veränderung
Ich hörte mir zuvor viel von André Stern und Gerald Hüther an. Im Jahr 2016 ging ich im Frühjahr nach England an ein Seminar von Anthony Robbins mit einer Kollegin und ihrem damaligen Ehemann. Ich wusste ein wenig, um was es geht, aber nicht viel und auch nichts Genaueres. Auf jeden Fall habe ich dort einen Feuerlauf gemacht und da wurde mir bewusst, was ich alles mit meiner Energie kann. Als ich vom Seminar nachhause kam, wollte ich natürlich gleich alles auf den Kopf stellen.

Weil dann mit meinem Mann nicht gut Kirschen essen war, musste ich einen Gang runterschalten. Ab dann wurde mir noch einmal mehr bewusst, welchen Weg wir zusammen gehen werden. Denn ich wollte meinen Kindern nicht den gleichen Weg zumuten, den ich früher in der Schule machen musste. Also haben wir als Familie entschieden, dass die Kinder noch bis zu den Sommerferien den Kindergarten und die Schule weiter machen und danach gehen sie nicht mehr zur Schule.

Gesagt, getan.

Als die Kinder nach den Sommerferien nicht mehr zur Schule gingen, war es einerseits sehr schön, den Druck von der Schule nicht mehr zu spüren, und trotzdem mussten wir immer dranbleiben. In dieser Zeit ging ich viel auf Menschen zu, wie zum Beispiel Familien, Lehrer usw., die schon mehr Erfahrung hatten in diesem Thema als ich/wir. Ich informierte mich immer weiter und es kam von vielen Experten, dass ich die Kinder mal Kinder sein lassen soll. Ich wurde in dem Thema immer gelassener und ging Step by Step.

Es wurde dann immer wieder von Bekannten oder Außenstehenden gefragt, wie die Kinder denn die Fächer lernen sollen, die sie können sollten im Leben? Und mein Mann war damals auch nicht so begeistert und hatte auch viele Zweifel und Ängste. Ich hörte nicht auf, mir und den Kindern Mut zu machen, denn mittlerweile wusste ich schon so viel von Mitmenschen, wie Kinder auf natürliche Art und Weise lernen.
Damals wie heute will ich für meine Kinder und die Zukunft der neuen Zeit, dass viele Kinder in ihrem Tempo und mit ihrer Kreativität lernen dürfen. Denn es ist so wichtig, bei sich zu sein und sich selber weiter bringen zu dürfen, wie sie es selber möchten.

Auch dieses Vorleben möchte ich der Zukunft weitergeben, denn wir dürfen frei leben.

Meine Vision

Ich weiß noch, als wäre es gestern gewesen: Ich war mit meinen Kindern unterwegs, als ich einen Anruf erhalten habe, mit der Frage, ob ich erklären könne, wie ich es geschafft habe, meine Kinder nicht mehr in die Schule zu schicken. Es kamen immer mehr Telefonanrufe mit diesen Fragen. Ich hatte so viele Anrufe, dass ich die Anrufer zusammennahm und Calls mit mehreren zusammen machte. Das gefiel mir so gut, diese Menschen an die Hand zu nehmen und Lösungen zu finden. Immer mehr Familien gingen Step by Step in ihre Veränderung.

Als ich dann bei gewissen Menschen immer mehr Sachen wahrnahm, habe ich mir einen Coach an meine Seite geholt. Ich bin sehr dankbar, dass ich so viel bei mir und meiner Persönlichkeitsentwicklung verändern konnte und immer noch kann.

Dass ich das jetzt meinen Kunden weitergeben kann, ist natürlich ein riesiger Mehrwert. Und dazu konnte ich noch Energiearbeit erlernen, welche ich in meinem Alltag umsetzen kann und es zugleich in der Leichtigkeit meinen Kunden weitergeben darf.

CORINNA HEYM

BUSINESS-MENTORIN, EMPOWERMENT-EXPERTIN

© Foto: Rolf Brenner

Ich bin holistische Business-Mentorin und Empowerment-Expertin für Coaches, Expertinnen und Unternehmerinnen, die bereit sind mit ihrem Purpose Business mutig durch zu starten und mit authentischer Kommunikation und einem transformativen Angebot, magnetisch für ihre Lieblingskunden werden wollen, sodass ein stabiles Fundament geschaffen wird, was auch skalierbar ist, enorme Freude macht und ein Leben in Freiheit, Genuss und Lebendigkeit schafft.

Mehr über mich und meine Arbeit unter
www.divine-life-design.com

Von der Suche nach Sinn im Leben zu Erfüllung durch die Aktivierung der ureigenen Schöpferkraft

von Corinna Heym

Bist du gerade auf der Suche nach deinem Herzensweg, deiner wahren Bestimmung und möchtest deinem Leben Sinn verleihen? Und hast du das sehnsüchtige Gefühl und die Gedanken, dass das einfach noch nicht alles gewesen sein kann in deinem Leben ... und du kannst diese Sehnsucht und den Ruf wahrscheinlich so sehr fühlen. Es muss noch mehr in diesem Leben geben, als das, was aktuell da ist. Das kann doch nicht alles gewesen sein, oder?

So fing diese Reise für mich an und ich konnte mir damals nicht ansatzweise vorstellen, was alles für mich und für mein Leben möglich ist.

Du suchst wahrscheinlich das Puzzleteil, wie du endlich das Leben deiner Träume und Visionen kreieren kannst? Vielleicht denkst du manchmal, es ist alles so schwer und nicht möglich für dich?

Und wenn du jetzt innerlich nickst und Ja sagst, dass manchmal solche Gedanken in dir aufploppen, dann herzlichen Glückwunsch - du bist genau JETZT bereit dafür, deine Bestimmung zu erkennen und zu leben und dadurch das Leben deiner Träume zu kreieren.

Und dennoch kann ich die ängstlichen und zweifelnden Gedanken verstehen, die du sicher manchmal hast, denn bei mir sah es vor einigen Jahren auch noch ganz anders aus als jetzt. Daher kann ich gut nachempfinden, wenn Dir noch einige Zweifel kommen, ob du dein Leben oder wenigstens ein kleines Stückchen deines Lebens verändern kannst.

Aber hier gleich ein Awakening-Impuls: Wer denkt das wirklich? Bist das wirklich du oder ist es dein Verstand, der diese fast schon automatisierten Gedankengänge schon in- und auswendig kennt? Begrenze Dich nicht und öffne dich für die größte Version, die du dir vorstellen kannst, auch wenn dir dabei vielleicht noch ängstliche Gedanken, Selbstzweifel und Befürchtungen kommen.

Denn genau daran, an deinen Ängsten, kannst du erkennen, wohin dich deine Reise und deine Bestimmung führen will. Denn was ich auf meinem Lebensweg erkennen durfte, ist Folgendes: Die Angst ist dein Leuchtturm, der Wegweiser, der dir den Pfad zu deinem erfülltem Leben aufzeigt! Aber was das genau heißt, darauf gehe ich später noch mehr ein.

Bevor du jetzt zu sehr zurückschreckst und diesen Weg lieber nicht gehen willst (was verständlich ist), lass mich dir eine kleine Geschichte aus meinem Leben erzählen, wie alles angefangen hat.

Denn man sollte ja meinen, und es ist auch in der Gesellschaft so stark verankert, dass Menschen, die ein erfülltes Leben haben und erfolgreich sind, alles in die Wiege gelegt bekommen haben, mit dem goldenen Löffel geboren wurden und nicht wirklich aktiv etwas dafür tun mussten. Doch stimmt das wirklich? Nein! Ganz und gar nicht.

Erfolgreich sind gerade und fast ausschließlich die Menschen, die wirklich krasse Erfahrungen, egal in welcher Form, in ihrem Leben durchgemacht, gemeistert haben und das, was als „normal" in der Gesellschaft angesehen wird, hinterfragt haben. Genau so war das auch bei mir. Ich bin in einer gut behüteten Familie aufgewachsen, doch ich habe schon immer gespürt, dass ich irgendwie anders bin. Jetzt stehe ich vollkommen zu mir und bezeichne es als außergewöhnlich, doch das war bei weitem nicht immer so. Als Kind war ich noch ultra spürig, feinfühlig und offen für die „spirituelle" Ebene. Ich hatte z. B. schon als fünfjährige einige Déjà- vu-Erlebnisse und mit den Jahren habe ich mich immer mehr und mehr für das Unerklärliche und für das nicht greifbare interessiert und natürlich war das etwas Außergewöhnliches, das, was nicht jeder macht ... was einfach nicht normal in dieser Gesellschaft ist.

Doch ich wusste schon immer, dass es da draußen etwas gibt, eine Macht, die größer ist als wir alle, die größer ist als unsere ganze Vorstellungskraft und davon war ich so überzeugt, dass es auch mein ganzes Leben geprägt hat und in positiver Weise geformt hat. Es war auch oft ein Anker für mich in schwereren Zeiten.

Denn die gab es auch: Von der Selbstheilungsreise jetzt mal abgesehen, durfte ich schon früh das Geschenk erkennen, welches mir durch den Verlust meines Vaters in meiner Jugend gegeben wurde. Er ist wieder „nach Hause gegangen" beziehungsweise wurde wieder nach Hause geschickt, weil er einfach nicht seinem Herzen gefolgt ist. Was kam, war ein schlimmer Herzinfarkt, der nicht entdeckt und schließlich zum Verhängnis wurde.

Aber dieses Ereignis und das darin liegende Geschenk für mich habe ich erst 15 Jahre später erkennen dürfen, als ich angefangen habe, mein damaliges Leben zu hinterfragen und ich in meiner damaligen Situation nicht gerade zufrieden war. Ehrlich gesagt, genau das Gegenteil von einem erfüllten ... ja, wirklich sinnerfüllten Leben. Ich weiß es noch, als wäre es erst gestern gewesen. Damals ging ich tagtäglich zu meiner damaligen Arbeit, die mir überhaupt keinen Spaß gemacht und mich eher ausgelaugt hat. Denn ich bin ein Wesen, welches wirklich den Sinn im Leben braucht, sonst ist es sinnlos. Ich brauche dieses wunderbare Lebensgefühl, einfach dieses Wissen und dieses Bewusstsein darüber, dass mein Leben wirklich einen Sinn hat und ich damit etwas Gutes bewirke für andere und natürlich auch für mich selbst. Und dieser damalige Job hat mich eher so fühlen lassen, als wäre ich ein austauschbarer Roboter, der so eigentlich nicht wirklich etwas Wertvolles beitragen kann und die wertvolle Lebenszeit eher verschwendet wird.

Und ich wusste schon damals: Das ist auf keinen Fall meine Bestimmung! Das kann nicht sein. Ich lasse es einfach nicht zu. Ich habe selbst den Mut gefasst und die Entscheidung getroffen, die 100 % glasklare Entscheidung, dass so nicht mein Leben aussieht. Schon gar nicht die nächsten vierzig oder fünfzig Jahre!

Jetzt fragst du dich vielleicht, ob mir hier nicht irgendwelche Zweifel oder Befürchtungen gekommen sind, wenn ich diesen vertrauten Pfad einfach verlasse und mich für ganz neue Dinge öffne? Oh ja, und ob! Mir sind einige Zweifel und Befürchtungen gekommen, aber mein Schmerz und meine schiere Verzweiflung waren damals viel größer und zusätzlich das Bewusstsein darüber, später, wenn ich 60 oder 70 bin, zurückzublicken und zu erkennen, dass ich diese Chancen alle vor mir liegen gehabt habe und sie einfach nicht genutzt habe. Das war auch ein großer Antrieb für mich, es einfach auszuprobieren, mutig zu sein und es einfach zu wagen. Für mein Glück loszugehen.

Ich versuchte, das Leben mit den Augen eines Kindes zu sehen, ohne Erwartungen an irgendwelche bestimmten Erfolge oder Ziele, sondern einfach das Leben spielerisch anzugehen und dich auszuprobieren, als ob es keine Fehler gibt. Denn in Wirklichkeit gibt es keine Fehler, entweder hast du dein gesetztes Ziel erreicht oder etwas gelernt.

Und natürlich habe ich auch einen anderen sehr großen Motivator, nämlich dieses Geschenk, welches ich vorher schon einmal kurz angesprochen habe: der Verlust meines Vaters in jungen Jahren durch einen Herzinfarkt. Denn das ist auch nicht ohne Grund passiert, ich weiß es auch noch sehr genau. Meine Eltern haben sich wirklich ein gutes Leben mit eigenem Geschäft aufgebaut, doch zu welchem Preis? Ich sah es an meinem Vater. Ein bestimmter Satz hat sich wie in mein Gedächtnis gebrannt, nämlich: „Jetzt arbeiten wir hart, so dass wir später in der Rente unsere Träume verwirklichen und auf Reisen gehen können."

Ja, die Rente, leider ist daraus nie etwas geworden. Das finde ich selber so traurig und zugleich ist es mein größter Motivator und Ansporn geworden, diese ganzen Gesellschaftsstrukturen und alles, was als normal angesehen wird, zu hinterfragen. Denn was bringt es, wenn du das ganze Leben hart arbeitest und ackerst und dein Leben nicht genießen kannst? Und später wahrscheinlich auch niemals die Chance dazu haben wirst, entweder, weil die Rente viel zu klein ist oder weil du körperlich nicht mehr fit genug bist oder vielleicht sogar, dass du schon nach Hause gegangen bist. ‚Was ist das für ein Leben?', dachte ich mir. Das kann doch nicht sein. Nein, so will ich mein Leben niemals gestalten.

Ich will leben. Pure Lebensfreude. Lebendigkeit. Glückliche Momente. Meine Vision und Seelenauftrag verwirklichen. Mein Traumleben erschaffen. Und ich will das beste, schönste und großartigste Leben meiner Träume kreieren. Das war meine glasklare Entscheidung, die durch dieses Geschenk von meinem Vater zu mir gekommen ist.

Und so habe ich mich umgeschaut, ich habe mich geöffnet für die ganzen Möglichkeiten in dieser modernen, digitalen und zugleich wunderbaren Welt. Denn seien wir mal ehrlich, du hast wirklich alle Möglichkeiten, die dieser Welt zur Verfügung stehen, und du musst einfach nur danach greifen, JA zu dir sagen und mutig deine Komfortzone verlassen. JA zu deiner Entscheidung und JA zu dir selbst! Denn du bist die ausschlaggebende Macht in deinem Leben, niemand anderes hat mehr Macht als du. Wenn du dies das erste Mal erkennst und deine Kraft, deine Einzigartigkeit erkennst und wieder zu dir zurückholst, dann sind die Umstände, und das, was aktuell noch da ist, einfach nur ein Teil des Weges. Es ist nicht das Ende und es ist schon gar nicht in Stein gemeißelt. Du kannst immer neu wählen. Und ich frage dich hiermit: Was wählst du? Wofür entscheidest du dich?

In welche Richtung soll sich dein Leben entwickeln? Welche Abenteuer und Erfahrungen möchtest du noch machen? Wohin zieht dich dein Herz? Wobei geht dein Herz auf?

Ich habe begonnen, aus meiner Passion und Leidenschaft nebenbei eine Selbstständigkeit aufzubauen, nämlich die spirituelle Lebensbegleitung. Aber es wusste natürlich kein einziger und schon gar kein nahestehender Mensch davon, dass ich mich mit meinen Gaben, Fähigkeiten und Talenten auf einmal im Internet zeige und andere dabei unterstütze, selbstbewusster zu werden. Und je mehr ich das machte, umso mehr stellte ich fest, dass dabei mein Herz aufgeht und ich mich einfach wunderbar erfüllt und glücklich fühle. Und da wusste ich, dass genau das mein Weg und meine Bestimmung ist. Der Weg, bei dem mein Herz aufgeht.

Und der Weg, bei dem dein Herz aufgeht, ist deine Bestimmung.

Von dieser Zeit an beschäftigte ich mich immer mehr und mehr mit den ganzen Themen wie Bewusstsein, Selbstermächtigung und Aktivierung der eigenen Schöpferkraft. Denn auch wenn du jetzt vielleicht denkst, „Ach, das ist sicher nicht für mich bestimmt oder da müsste sich schon etwas Gewaltiges verändern", möchte ich dir gleich mal einen Impuls schenken: Wenn sich etwas in deinem Leben verändern soll, kann das nur passieren, wenn du selbst aktiv diese Veränderung bist. Du wartest nicht darauf, dass sich von außen irgendetwas ändert. Nein, du selbst bist die Veränderung. Du selbst bis die Kraft in deinem Leben. Du selbst bist die Macht in deinem Leben. Erkenne es wieder an. Werde dir bewusst, dass du der Schöpfer deines Lebens bist, und egal, was sich vielleicht jetzt für Umstände in deinem Leben zeigen, du kannst es verändern, indem du dich veränderst. Denn alles in deinem Leben entspringt aus deinem SEIN. Und es kann sich nur etwas verändern, wenn du selbst aktiv diese Veränderung bist.

Etwas, das ich auf meiner Reise erkennen durfte, möchte ich gerne mit dir teilen: Das Leben selbst und das Universum möchte ausschließlich das Beste für dich und möchte dir alle Herzenswünsche erfüllen. Oft passiert es aber, dass wir durch bestimmte Erfahrungen erst zu der Version von uns selbst heranwachsen dürfen, um das Gewünschte auch tatsächlich empfangen und halten zu können. Und das verstehen beziehungsweise interpretieren viele Menschen falsch. Wenn du dich zum Beispiel für einen Herzenswunsch glasklar entschieden hast und bereit dafür bist, es jetzt in deinem Leben zu erschaffen, dann sendet dir das Universum, oder auch das Leben, oftmals Hinweise, dass du etwas Altes, sozusagen ein Teil deiner alten Identität, loslassen darfst. Das Neue kann nur kommen, wenn genügend Platz da ist und im weiteren Sinne, wenn du innerlich zu dieser neuen Identität herangewachsen bist, die das Gewünschte tatsächlich als ihre Normalität ansieht.

Eine kleine Übung habe ich für dich mitgebracht. Es ist die kraftvolle Übung namens "Walking Manifestation".

Mache die „Walking Manifestation" das erste Mal am besten, wenn du ungestört bist und du dich voll darauf konzentrieren kannst. Der Wald oder die Natur an sich sind wundervolle Orte dafür.

Bevor wir beginnen, ist es wichtig, dass du dir darüber im Klaren bist, was das Ziel deiner Manifestation ist. Also das Ergebnis, welches du zu 100 % haben und erleben willst.

Denn so viel sei gesagt: Jeder Mensch manifestiert. Die ganze Zeit und in jeder Sekunde. Bewusst oder unbewusst. Du manifestierst, d. h. Manifestation ist nichts anderes als das, was du dir in jeder Sekunde mit deinen tiefen Überzeugungen samt deinen Gefühlen und deinem festen Glauben deine Realität selbst kreierst.

Das heißt außerdem, dass du Manifestation nicht erlernen musst, sondern du es ohnehin schon jeden Tag die ganze Zeit über tust. Dein e aktuelle Realität ist nichts anderes als das Ergebnis deiner Überzeugungen samt deiner Gefühle und den entsprechenden Handlungen.

Im Umkehrschluss heißt das: Deine aktuelle Identität erschafft auf Basis deiner Gedanken, Gefühle und Handlungen jeden Tag aufs Neue die damit resonierende Realität.

Alles wird von innen nach außen geschaffen, du bist sozusagen der Projektor in deinem Leben, und was sich in deiner Innenwelt abspielt, ist dein aktueller Film des Lebens. Und diesen Film des Lebens kannst du in deiner Realität beobachten und natürlich auch verändern.

Und genau das funktioniert wunderbar mit dem Tool „Walking Manifestation".

Beginnen wir.

„Walking Manifestation“

1. Sei dir im Klaren darüber, was genau Realität in deinem Leben werden soll, z. B. Traumpartner anziehen, Business-Kooperationen oder Ziel XY. Dann ist es sehr wichtig, genau zu definieren, wie du dich fühlst, wenn das Ereignis XY in dein Leben getreten ist. So detailreich wie möglich. Wie hast du dich dann verändert? Wie verhältst du dich, wenn dein Ziel XY eingetreten? Wie fühlst du dich? Wie sieht diese Version aus, die XY hat? Hast du eine andere Körperhaltung? Bist du selbstbewusster? Hast du ein anderes Umfeld, wenn Ziel XY eingetreten ist? Schreibe es dir am besten auf.

2. Nimm dir jetzt am besten eine halbe Stunde bis eine Stunde Zeit nur für dich und geh am besten in die Natur hinaus, zum Beispiel in einen Wald oder durch eine Wiese. Und nimm dieses definierte Ziel XY mit.

3. Wenn du nun an einem ruhigen und ungestörten Ort bist, dann beginnen wir mit der „Walking Manifestation“

4. Tauche in diesen Gefühlszustand ein, als wäre Ziel XY genau jetzt deine Realität und bereits erschaffen. Hol deine Gefühle in dein Bewusstsein, wie Dankbarkeitsgefühle und fühle, wie sehr erfüllt du dich jetzt fühlst.

5. Und in genau diesem Zustand, mit diesem Gefühl von Dankbarkeit, dass dein Ziel XY Realität geworden ist, fängst du jetzt an, einen Spaziergang zu machen. Und du siehst die Welt aus einer ganz anderen Perspektive. Die Realität kommt nämlich aus deiner idealen Version, die das Ziel XY s chon erschaffen hat und unglaublich dankbar dafür ist.

6. Du spürst am eigenen Leib, wie sich dein Körper, dein ganzer Gefühlszustand so erhaben, empowered und selbstbewusst anfühlt. „Yes, ich habe es geschafft. WOW, ich habe diese Realität kreiert und ich bin so unglaublich dankbar dafür. Danke, danke, danke.“

7. Und deine Ausstrahlung und dein ganzes Charisma hat sich dadurch gewandelt. Du ziehst genau das Ziel XY an, weil du es innerlich in Besitz genommen hast und nun von innen heraus ausstrahlst. Du kreierst deine Realität von innen nach außen.

8. Mache diesen Spaziergang, diese Walking Manifestation so lang, wie es sich gut für dich anfühlt. Wenn du merkst, es ist jetzt genug, dann lasse-diese Manifestation im Bewusstsein dessen los, dass du jetzt den ersten Samen gesät hast.

9. Tauche so oft wie möglich in diesen Gefühlszustand mit dieser „Walking Manifestation" ein und wiederhole sie, bis du diesen dankbaren Gefühlszustand und das Bewusstsein darüber auch in deinem Alltag integriert hast. Jetzt werden sich dir Stück für Stück neue Möglichkeiten und Chancen zeigen, die du greifen darfst, sodass sich deine Realität immer mehr und mehr wandelt, bis dein Ziel XY schließlich deine wirkliche Wirklichkeit geworden ist.

Ich hoffe, dass du diese kleine Übung ein Stück weit in dein Leben integrieren und dein Leben Stückchen für Stückchen in die Richtung bringen kannst, in der dein Herz aufgeht. Wenn du magst, kannst du dir auch gerne eine kostenlose Meditation herunterladen, in der du dein ganzes Potenzial freischalten und aktivieren kannst. Hier findest du sie: https://divine-life-design.com/entfache-dein-ganzes-potenzial/

Viel Freude und Eingebungen mit der Meditation!

Dazu möchte ich dir auch noch ein wenig Mut machen, denn manche Dinge können ein bisschen länger brauchen, bis die Veränderung eintritt und man sie wirklich bemerkt. Also: Halte immer an deinen Träumen fest und lass dir niemals von anderen Menschen deine Träume ausreden oder kaputt machen. Denn: Die Menschen, die sich nicht für den Mut entscheiden, lieber in Ihrer Komfortzone bleiben und dann oft auch andere kleinreden oder gar abhalten wollen, ihre Träume zu verwirklichen, haben selbst oft große Angst in sich, trauen sich das selbst nicht zu. Dementsprechend projizieren sie ihre Ansichten auch auf alle anderen Menschen um sie herum.

Gehe beharrlich weiter, folge dem Ruf deines Herzens und wenn dich mal Zweifel überkommen, ob das jetzt wirklich die richtige Entscheidung war, erinnere dich an dieses Zitat von Albert Einstein zurück, welches mein Leben geprägt hat: "ALLES IST ENERGIE! GLEICHE DICH DER FREQUENZ DER REALITÄT AN, DIE DU MÖCHTEST UND DU KREIERST DIESE REALITÄT. DAS IST KEINE PHILOSOPHIE. DAS IST PHYSIK."

Es gibt eine höhere Macht, das Universum, das Leben selbst - nenn es, wie du willst - die dein Bestes will. Und egal, welche Entscheidung du triffst: Es wird für dich geschehen. Vertraue deiner Intuition, vertraue dem Universum! Und vor allem vertraue dir und deinem Herzen! Es zeigt dir immer den richtigen Weg!

Liebe geht raus - deine Corinna

IRENE BAUER

EXPERTIN FÜR SEELENBEWUSSTSEIN, FREQUENZHEILERIN, SEELENPLAN-LESERIN,

© Foto: Irene Bauer

Als Gründerin und Leiterin der Seelenplan-Akademie unterstütze ich durch meine Hochsensibilität Menschen, die ebenfalls sehr feinfühlig sind. Meine Intention ist es, sensitive Menschen wieder aus ihren Konditionierungen und Prägungen heraus in ihre inhärente Anbindung zu führen, damit sie ihren Gaben, Talenten und vor allem ihrer Intuition vertrauen. Ich habe es mir zur Aufgabe gemacht, fühlende Menschen auf ihrem Weg ins Seelenbewusstsein zu begleiten, damit auch sie zu einem Leuchtfeuer und zu Bewusstseinswandlern in dieser neuen Zeit werden.

Mehr über mich und meine Arbeit unter
www.seelenplan-akademie.at

Hochsensibilität – Gabe und Chance

von Irene Bauer

Einleitung

Kennst du dieses Gefühl von Überforderung, nachdem du mit anderen Menschen zu tun hattest? Oder dass du ein größeres Ruhebedürfnis hast als andere? Eventuell möchtest du auch immer alles perfekt machen und hast ein unglaubliches Harmoniebedürfnis? Hast du das Gefühl, plötzlichen Stimmungsschwankungen unterlegen zu sein oder ist dir bereits klar, dass du die Empfindungen anderer spüren kannst? Ebenso weißt du, wann dir nicht die Wahrheit gesagt oder etwas verschwiegen wird? Für dich sind Dinge bereits klar, während andere noch im Dunkeln tappen, weil du Zusammenhänge deutlich schneller erfassen kannst? Kann es auch sein, dass du dich in Situationen nicht wohl fühlst, weil dein Bauchgefühl dich darauf hinweist?

Vielleicht würdest du gerne mit anderen über diese Dinge sprechen, über das, was du empfindest oder wahrnehmen kannst, findest aber nicht die passenden Gesprächspartner? Denn das, was für dich bleibt, wenn du es versuchst, ist ein schaler Beigeschmack von ein bisschen verrückt sein. Wenn es dir ebenso ergeht, dann willkommen im Klub, du bist nicht alleine!

Vermutlich hast du bereits die Erkenntnis, dass dich normale Alltagsgespräche über das Wetter, Krankheiten, machthaberische Machenschaften und Intrigen, sowie oberflächliches Geplänkel nicht mehr interessieren, weil sie dir deine Energie rauben, dich krank machen und unendlich langweilen. Du würdest gerne lieber tiefergreifende Gespräche führen, über den Sinn des Lebens, die Bedeutung des menschlichen Lebens in seinen unterschiedlichen Facetten und vor allem, Gespräche, die dich im Herzen berühren. Denn du suchst eine Verbindung von Herz zu Herz, wenn du mit anderen Menschen zusammen bist. Aber du bist gleichzeitig verunsichert, denn aufgrund deines Perfektionismus und deinem hohen Harmoniebedürfnis willst du es allen recht machen. Also entsprichst du, bist brav, sorgst dich liebevoll um deine Familie oder deinen Job und bleibst somit lange im „Rad“ des Funktionierens, bis du vielleicht irgendwann vollkommen erschöpft zusammenbrichst. Denn du hast jemanden vergessen. Nämlich dich selbst.

Die Erkenntnis meiner eigenen Hochsensibilität
Eines Tages überraschte mich eine liebe Freundin mit der Aussage: "Kann das sein, dass du hochsensibel bist? Denn ich denke, du bist es!" Ok, da war ich nun mit dieser Information, konnte aber nichts damit anfangen. Ich verneinte und tat das ab, ohne tatsächlich genau darüber Bescheid zu wissen. Hochsensibel? Ich hatte keine Ahnung. Aber irgendwie ließ mir diese Aussage keine Ruhe. Zufällig entdeckte ich einen Tag später einen Test zu Hochsensibilität in einem Magazin. Da war sie, die Antwort auf meine Frage ans Universum. Ich beantwortete die Fragen und natürlich, so wie meine Freundin bereits vermutet hatte, fiel dieser Test unglaublich eindeutig aus.

Dann ging es los. Ich recherchierte und zunehmend kam Licht in mein Dunkel der Unwissenheit. Diese Suche nach Merkmalen ergab für mich Klarheit. Denn ich fragte mich fast mein ganzes Leben, warum ich anders bin als alle anderen, die mich so umgeben. Ich bin schneller am Limit, brauche mehr Ruhe, bin unglaublich schnell überfordert und war gefühlt permanent krank, ohne eigentlich zu wissen, warum schon wieder. Außerdem ist es normal, von einer auf die andere Sekunde unglaublich emotional zu sein, wenn mir etwas erzählt wird, oder ich mit anderen Menschen in einem Raum bin. Immer wieder litt ich schlagartig an Energieverlust. Ich kann andere Menschen spüren, als wäre ich sie und habe ein inneres Wissen zu ihren Erzählungen. Dazu muss ich erwähnen, dass mir damals nicht bewusst war, dass ich etwas fühle, dass nicht zu mir gehört. Wenn ich mit Menschen zusammen war, die krank oder kränklich waren, war ich es kürzeste Zeit später ebenfalls.

Die Meinungen des Außen waren, dass ich einfach kein gutes Immunsystem hätte und vielleicht ein kleiner Hypochonder wäre. Ich rannte von Pontius zu Pilatus, um meinen ununterbrochenen Krankheiten auf die Spur zu kommen, ohne Ergebnis. Rein medizinisch gesehen fehlte mir nichts. Ebenso könnte ich die obige Liste der Wahrnehmungen jetzt noch erweitern, denn da war noch so viel mehr, aber für den ersten Eindruck reicht es, denke ich. Ich fragte mich aber immer wieder, warum andere das, was ich spüren konnte, nicht spüren können und ob ich vielleicht doch ein bisschen verrückt sei. Aber die Antwort war und ist nach wie vor nein, ich war und bin nicht verrückt und auch kein Hypochonder. Ja, ich bin anders, ich bin hochsensibel und habe andere Bedürfnisse und Wahrnehmungen als andere, aber deshalb bin ich nicht schlechter oder besser als der Rest der Welt. Dies war für mich eine wunderbare Erkenntnis.

Ebenso weiß ich viele Dinge bereits, bevor sie ausgesprochen werden, ich habe eine gute Menschenkenntnis und sehe die Menschen, vor allem, was ihre Bedürfnisse und Potenziale angeht. Dennoch habe ich das nie hinausposaunt, denn dann hätte ich mich ja zeigen müssen. Mir war es lieber, im Hintergrund zu sein, vielleicht hielt ich mich lieber zurück, um nicht gesehen zu werden, denn ich vertraute meinen Wahrnehmungen nicht.

Es kam, wie es kommen musste, ich erlitt einen vollkommenen Zusammenbruch. Ich überging mich ständig selbst und hörte nicht auf meinen Körper. Ich machte weiter, immer weiter, obwohl ich körperlich und emotional bereits am Ende war.

Alles in mir schrie nach einer Veränderung, wenn ich nicht sterben wollte. Ich ließ meinen Job und auch meine Ehe hinter mir und begann ein neues Leben. Ob ich Angst hatte? Natürlich, und was für eine. Aber dennoch war da etwas in mir, das mich bekräftigt hatte, diese Schritte zu vollziehen, obwohl alle mir nahestehenden Personen mir einen anderen Rat gaben. Ab diesem Moment begann ich, die Herausforderungen meines „Andersseins“ als Gabe zu entdecken. Ich absolvierte eine Ausbildung nach der anderen, machte mein eigenes Yogastudio auf und kam mir jeden Tag ein Stückchen näher.

Vertrauen in meine Hochsensibilität

Es wurde immer eindeutiger für mich, dass ich nicht mehr über meine Grenzen gehen wollte. Allzu lange waren sie mir nicht bewusst. Ich begann ein Leben nach meinen eigenen Bedürfnissen. Wie ungewohnt, eine neue Welt tat sich auf. Türen öffneten sich, mein Leben bekam eine Wendung. Bald ergab sich, wieder geführt, eine Zusammenarbeit mit einem großen Yogainstitut. Zuerst unterstützte ich organisatorisch und dann wurde mir das Unterrichten von Aus- und Weiterbildungen angetragen. Es war so fein, ich hatte das Gefühl, dass sich alles löste und dass das Universum mir zur Seite steht, denn es waren zum richtigen Zeitpunkt immer die passenden Menschen an meiner Seite, um mich zu unterstützen. Ich hatte das klare Gefühl, dass es ab nun in eine neue

Richtung gehen würde. Weiterhin war ich gesegnet mit meiner lieben Freundin, mit der ich täglich reflektieren durfte, sowie einem lieben Freund, der mir bei meinen Vorhaben tatkräftig, wie ein liebender Vater, unter die Arme griff. Ich merkte immer mehr, wie umsorgt und geführt ich war, von einer höheren Macht. Immer mehr konnte ich diese Führung zulassen und mich dem Fluss des Lebens hingeben.

Hochsensibilität und die Seele

Mit der Zeit wurde für mich das Thema Seele immer präsenter. Ich inhalierte dazu Unmengen an Literatur, um meine eigenen Schlüsse zu ziehen. Natürlich war die Beschäftigung mit dem Thema Hochsensibilität parallel ebenfalls am Laufen. Alles hat mich darauf schließen lassen, dass ich als Hochsensible einen starken Zugang zu meiner Seele bzw. zu meiner Intuition habe. Dass meine innere Stimme, die sich immer wieder meldet und auf bestimmte Dinge besteht, mit der kosmischen Energie des Universums verbunden ist und dass es mir so möglich ist, auf ein universelles Wissen zuzugreifen. Ich erkannte, wie sich mein Unterrichten veränderte, wie es mir zunehmend wichtiger wurde, anderen Menschen den Zugang zum Fühlen und dem Erkennen ihrer eigenen Bedürfnisse näherzubringen. Immer mehr löste ich mich von strengen Strukturen und Vorgaben. Denn ich erkannte, als Hochsensible scanne ich meine Umgebung ununterbrochen, es findet ein durchgehender Informationsverarbeitungsprozess in mir statt und wenn ich dahingehend nicht an meine Wahrnehmungen glaube und mich, entgegen meiner Intuition, an andere Dinge halte, dann erhalte ich eine unmittelbare körperliche, emotionale oder mentale Antwort meines Systems. So hörte ich immer achtsamer auf meinen Körper und auf mein Nervensystem.

Der Ruf der inneren Stimme

Für mich sind Hochsensible die Mittler zwischen Erde und Universum. Denn ich weiß, ich stelle mich als Kanal zur Verfügung, damit etwas durch mich hierher auf die Erde kommen kann.

Es wurde immer klarer, ich muss Botschaften durchfließen lassen. Denn ich soll andere Hochsensible wachrütteln, damit sie in ihre Kraft kommen, um die Erde im Übergang in eine neue Schwingungsfrequenz zu begleiten. Und so war es klar, ich fühlte mich wie schwanger. Und dann war es so weit. Mein Baby, die Seelenplan-Akademie, war geboren. Wieder wurde ich unterstützt und begleitet, indem die passenden Menschen an meiner Seite waren.

Meine innere Stimme hat mich geleitet und geführt, um ein Unternehmen aufzubauen, dessen Vision es ist, Menschen dabei zu unterstützen, in ihre Kraft zu kommen. Hier kommen alle meine Tools und vor allem meine Wahrnehmung und Intuition zum Einsatz, um feinfühlige Menschen zu begleiten.

Anbindung an die kosmische Energie

Wenn ich mit Menschen arbeite, lasse ich mich von meinen Wahrnehmungen und Eingaben leiten. Mir ist bewusst, dass nicht ich es bin, die irgendetwas weiß, sondern, ich bitte meine Begleiter, meine himmlische Führung um Unterstützung und ich stelle mich als Kanal zur Verfügung. Denn ich weiß, ich bin begleitet, und ich fühle mich von einer höheren Ebene beschützt. Natürlich fällt mir nicht alles in den Schoß und ich darf genauso an meinen Projekten arbeiten wie alle anderen, aber ich gebe mich dem Fluss hin. Ebenso wie ich meine Unterscheidungskraft benützen darf, um zu erkennen, was aus meinem Egobewusstsein stammt und was einem höheren Wohl dient.

Wenn du dir nicht sicher bist, ob du vielleicht auch hochsensibel oder sehr feinfühlig bist, dann führe ich dir hier ein paar Merkmale zu deinem Verständnis an sowie ein paar Übungen, um in dich hineinzufühlen.

Merkmale von Hochsensibilität

Studien, von Elaine N. Aron, einer US-amerikanischen Psychologin, die die Begründerin des Begriffes der Hochsensibilität ist, haben ergeben, dass ungefähr 20 % der Weltbevölkerung hochsensibel sind. Neuere Studien, von unter anderem Dr. Patrice Wyrsch belegen, dass zwischen 10 – 14 % der Menschen wenig sensitiv bzw. alexithymisch (Psychologie: gefühlsblind) sind, so wie er es bezeichnet. Er untergliedert die restlichen Prozente in unterschiedliche Sensitivitätsstufen und spricht generell von Neurosensitivität, weil wie er es beschreibt, der Begriff der Hochsensibilität für ihn mittlerweile zu ungenau wäre. Dem kann ich mich nach meinem Gefühl nach nur anschließen, obwohl ich keine Studien dazu gemacht habe. Ich merke, gerade jetzt, in dieser Zeit der Schwingungsanhebung, werden immer mehr Menschen sensitiv, denn wir Menschen werden gerade wachgerüttelt, um unserer individuellen Berufung nachzugehen und aus auferlegten Strukturen und Systemen auszubrechen. Klar ist, wir alle kommen mit einer inhärenten Anbindung ans kosmische

Universum zur Welt, der Unterschied zwischen sensitiven und wenig sensitiven Menschen liegt nur darin, dass diese Anbindung bei Hochsensiblen das ganze Leben bestehen bleibt, während weniger Sensible auf Grund von Konditionierungen und vorgelebten Mustern ihre Anbindung verlieren. Diese Verbindung kann wiederhergestellt werden, braucht allerdings eine bewusste Beschäftigung damit. Hochsensible hingegen verlieren diese Verbindung nie. Sie bekommen Hinweise und Eingaben. Aber vor allem kommen sie nicht darum herum, ihrer inneren Stimme zu folgen, da ein entgegengesetztes Verhalten sie zunehmend als menschliches Wesen belastet. Mehr als alle anderen.

Viele hochsensible Menschen wissen gar nicht, so wie ich früher, dass sie hochsensibel sind. Sie wissen und spüren zwar, dass sie anders sind als andere und sich in einer „normalen" Gesellschaft weder wirklich wohl fühlen noch ihre Erfüllung darin finden. Geht es dir ähnlich? Wie erkennst du nun, dass du hochsensibel bist? Hier möchte ich dir gerne ein paar Hinweise anführen.

Reizüberflutung

Hochsensible haben ihre Antennen immer ausgefahren. Somit werden unentwegt alle Informationen aus dem Außen aufgenommen, ob gewollt oder nicht, Hochsensible sind andauernd auf Empfang. So kommt es leichter zu einer Überforderung des Nervensystems. Das bedeutet, dass sich Hochsensible schneller gestresst fühlen, dass wir schneller müde werden und dass diese Überforderung eine leichte oder auch gravierendere Reizbarkeit in uns auslöst. Somit ist es anstrengend, permanent irgendwelchen Geräuschkulissen ausgesetzt zu sein, wie beispielsweise in einem Großraumbüro mit vielen Menschen und Geräuschen.

Deshalb brauchen Hochsensible insgesamt mehr Ruhephasen und Rückzug. Regelmäßige Spaziergänge im Wald wirken dahingehend Wunder. Die Natur nährt dich und tankt die leeren Energiereserven wieder auf. Ebenso zuträglich ist es, dir einen Ort des Rückzugs zu schaffen, indem du dich wohlfühlst und dich der Stille hingeben und einfach nur sein kannst.

Hilfestellung:

- Bewusst Zeit nur für dich einplanen und auch nehmen
- Entferne bzw. reduziere alle Einflüsse (z. B.: Medien, energieraubende Menschen ...) aus deinem Leben, die dir nicht guttun

Aufmerksamkeit

Ebenso sind hochsensible Menschen wunderbare Zuhörer, wir haben immer ein offenes Ohr für die Anliegen der Umgebung. Wenn wir zuhören, dann fühlen sich die anderen gesehen, weil wir auf allen Ebenen zuhören. Und auf Grund unserer sehr stark ausgeprägten Empathie nehmen wir die Gefühlslagen der anderen Menschen sensorisch auf und empfinden tatsächlich mit unserem Gegenüber mit. Angst, Wut, Trauer und andere Empfindsamkeiten werden augenblicklich wahrgenommen. Deshalb ist es besonders wichtig, auf die eigenen Grenzen zu achten, denn die Tendenz, uns in anderen zu verlieren und nicht mehr zu wissen, was zu uns selbst gehört und was nicht, ist sehr hoch.

Auch sind wir immer für andere da, denn aufgrund unserer erhöhten Aufmerksamkeit im Leben an sich, nehmen wir die Bedürfnisse unserer Umwelt besonders gut wahr. Dies lässt uns jeden unterstützen, ohne unsere eigenen Grenzen zu wahren.

Hilfestellung:

- Lerne dich selbst gut kennen, denn dann weißt du, wer du bist und wie du dich anfühlst und kannst schnell unterscheiden, was zu dir gehört und was nicht.
- Achte auf deine Grenzen. Jedes Mal, wenn du über deine Grenzen gehst, überforderst du dich selbst und lässt es zu einem späteren Zeitpunkt an deinen Mitmenschen aus bzw. förderst deine Erschöpfung.

Harmoniebedürfnis

Nachdem Hochsensible ein hohes Harmoniebedürfnis mitbringen, versuchen wir meist, jedem alles recht zu machen. Wir stellen unsere eigene Meinung hinten an, müssen nicht auf Biegen und Brechen recht haben und können auch schweigen, während andere ihre Meinung durchsetzen wollen. Oftmals schweigen wir zu lange, verändern Situationen, die uns unsere Energie rauben, erst spät. Hochsensible bleiben, auch wenn sie schlecht behandelt werden, weil wir immer das Gute in den anderen Menschen sehen und so die Hoffnung aufrechterhalten, dass dies zu Harmonie führt. So übersehen wir unsere eigenen Bedürfnisse und entsprechen den Bedürfnissen der anderen.

Hilfestellung:

- Lerne, liebevoll „NEIN“ zu sagen, denn dies bedeutet ein „JA“ für dich selbst.
- Mache Dinge, die dir Freude machen

Selbstwertgefühl

Hochsensible fühlen sich oft nicht zugehörig. Da wir andere Prioritäten haben als andere, fühlen wir uns ausgegrenzt oder grenzen uns selbst aus. Dies bekräftigt leider oft das Gefühl, nicht „richtig“ zu sein. Um aber dennoch dazuzugehören, sabotieren wir uns oft selbst, indem wir Dinge tun, die uns nicht zuträglich sind und die wir nicht unbedingt machen möchten.

Wir sagen also vielleicht des Öfteren „JA“, auch wenn unser Inneres eigentlich „NEIN“ sagt. Deshalb sind wir auch auf der Suche nach dem Sinn unseres Lebens und versuchen diese Erkenntnis in Büchern oder Weisheitslehren zu finden. Viel zu lange warten wir damit unseren eigenen Wert anzuerkennen, indem wir unsere Gaben, die wir oft als Herausforderung erleben, nicht wertschätzen. Da wir lieber andere groß machen als uns selbst, fällt es uns dementsprechend schwer, zu unseren Talenten zu stehen.

Hilfestellung:

- Liebe dich selbst.
- Nimm deine Gaben als Geschenk an, denn sie unterstützen dich auf deinem Weg

Intuition

Eine spezielle Gabe von Hochsensiblen ist die Intuition. Die Intuition steht mit unserer Seele in Verbindung und ist die Ebene des Herzens, also die Anbindung an die geistige Welt. Alle Menschen kommen mit dieser Gabe auf die Welt, die den meisten durch Konditionierungen und Muster wieder abtrainiert wird.

Bei Hochsensiblen allerdings bleibt diese Verbindung aufrecht. Das Thema ist, dass wir unserer Intuition, aufgrund unserer Konditionierungen, nicht vertrauen. Wir dürfen uns also wieder erinnern, wie angebunden wir sind und dass wir unserer inneren Führung vertrauen dürfen, egal, was das Außen sagt.

Hier geht es also im speziellen darum, unseren Impulsen wieder zu folgen. Denn unsere innere Stimme, die Stimme unseres Herzens, leitet uns in jedem Augenblick. Ihre Sprache ist die Sprache der Freude. Hier spreche ich allerdings nicht von der oberflächlichen Freude, die wir meist im Erwerb oberflächlicher materieller Güter empfinden, sondern ich spreche von einer tiefen Freude des Augenblicks, wenn im Inneren erfahrbar wird, dass alles gut ist, so wie es ist. Die Freude, die entsteht, beim Beobachten der Natur, wenn ein Schmetterling seine Flügel ausbreitet und sich durch die Natur bewegt. Eine Freude, die über das begrenzte Denken unserer menschlichen Natur hinausgeht.

Hilfestellung:
- Lausche nach Innen und komme zur Ruhe
- Vertraue deiner inneren Stimme

Wenn du also noch immer der Meinung bist, obwohl du vielleicht bereits am Limit bist, den Anforderungen der Gesellschaft entsprechen zu müssen, dich selbst kleinzuhalten und deine Gaben nicht anzuerkennen, dann wirst du gerade jetzt in dieser absoluten Umbruchszeit sehr deutliche Zeichen bekommen, warum du wieder zurück zu dir selbst finden solltest. Achte auf diese Zeichen!

Was kannst du für dich tun?

Selbstmitgefühl
Begegne dir selbst mit dem gleichen Gefühl, wie du anderen begegnest. Gestehe dir zu, dass es ok ist, Pausen einzulegen, dir Ruhe zu gönnen und liebevoll deine Grenzen zu setzen. Wenn du anerkennst, dass du nicht perfekt sein musst, indem du für alle da bist, immer liebenswürdig bist und alle umsorgst, ohne auf deine Bedürfnisse zu achten, dann entscheidest du dich für dich. Sei dir bewusst, dass du alle anderen erst wirkungsvoll umsorgen kannst, wenn du auch dich umsorgst. Dazu kann dir ein liebevolles NEIN anderen gegenüber verhelfen. Es braucht auch keine Erklärungen, denn du musst dich nicht immer erklären.

Du darfst dir im Klaren sein, dass du nicht egoistisch und rücksichtslos bist, wenn du auf dich selbst ebenso achtest, wie auf andere, auch dann, wenn sie dir das einreden wollen. Erkenne, dass du zu dir stehst, wenn du beginnst, auf deine Bedürfnisse zu achten. Es ist einfach, aber nicht leicht. Aber mit dir selbst gefühlvoll umzugehen, dich zu trösten, wenn du dich einsam fühlst und für dich da zu sein, dir etwas Gutes zu tun, wird dich erkennen lassen, dass du selbst der Mensch bist, den es braucht, um in Verbindung zu sein und dich verbunden zu fühlen.

Eigenverantwortung

Du bist deines Glückes Schmied. Niemand kann dir geben, was du dir selbst nicht zugestehst. Wenn du selbst liebevoll und achtsam mit dir umgehst, sowie ebenso auf deine Grenzen achtest, übernimmst du die Verantwortung für dich selbst. Du bist erwachsen, du darfst dich nun selbst um dein inneres Kind kümmern. Du bist nicht mehr abhängig von anderen Personen und musst daher auch mit niemandem in Verbindung bleiben, der dir nicht guttut. Denn du hast die Entscheidungsmöglichkeit, und zwar in jedem Moment. Du darfst zu dir stehen. Du darfst auch deine Bedürfnisse kommunizieren. Was nicht bedeutet, dass andere sie erfüllen müssten. Aber du kannst und darfst sie selbst erfüllen. Es liegt in deiner Verantwortung, wie dein Leben verläuft.

Sei dir bewusst, dass der einzige Mensch, den es für Veränderung braucht, DU selbst bist.

Selbstwirksamkeit

Selbstwirksamkeit ist die Erkenntnis, dass du selbst etwas in deinem Leben bewirken und verändern kannst. Also nimm wahr, was du gerade brauchst. Dies bedeutet auch, anzuerkennen, dass du einen Teil der Schöpferkraft in dir trägst. Sie unterstützt dich dabei, dein Leben zu gestalten. Du bist ein Teil des universellen Bewusstseins. Ebenso kannst du es auch kosmisches Universum oder das Göttliche nennen. Somit ist es wichtig zu wissen, dass das, was du denkst und fühlst, in dein Leben kommen wird. Also sei achtsam mit deinen Gedanken und Gefühlen.

Dazu frage ich dich nun, damit du selbst reflektieren kannst:

„Lebst du dein von dir gewähltes Leben auf dem Weg zu deiner Seelenaufgabe oder folgst du einem System aus Konditionierungen und Mustern, das dich in einem Rad der Getriebenheiten und Aufgaben gefangen hält?"

Nimm dir Zeit, diese Frage zu beantworten. Denn ich weiß, was im ersten Moment geschieht … Ablehnung, denn der normale Verstand sucht nach Ausreden, warum etwas so ist, wie es ist und vor allem, warum es nicht geändert werden kann. Dies war zumindest immer wieder meine eigene Erfahrung. Und natürlich können wir nichts dafür. Wären wir nicht als Kind, als Jugendlicher, im ersten Job ... so oder so konditioniert worden, würden wir vieles anders machen. Aber was, wenn wir uns das alles selbst ausgesucht hätten? Wenn es der Wunsch unserer Seele war, bestimmte Erfahrungen zu machen, die mitunter auch schmerzhaft sein können, um wahrzunehmen, wie es sich anfühlt? Zum Beispiel in die Selbstliebe zu kommen, mutig oder lichtvoll zu sein? Dazu müssen wir aber zuerst das Gegenteil erfahren. Darum sind wir hier in der Welt der Dualität. Und die Seelen, die uns in unseren Aufgaben fordern, haben sich auf Seelenebene dazu bereiterklärt. Diese Erkenntnis macht für mich vieles leichter verständlich.

Für mich ist klar, wir haben den Schlüssel in der Hand, unser Leben so zu gestalten, wie es unserer Lebensaufgabe gerecht wird. Das, was uns allerdings meistens im Weg steht, sind unsere Konditionierungen, unser Ego und Angst. Sie halten uns klein, sie lassen uns tausend Ausreden finden, warum wir etwas nicht tun können.
Zu festgefahren sind unsere Ansichten und Glaubenssätze. Und natürlich haben wir alle unterschiedliche Lebensaufgaben, deshalb können Entscheidungen, die für eine Person sinnvoll sind, nicht auf andere Personen umgelegt werden. Wir brauchen also unsere Unterscheidungskraft, die uns erkennen lässt, welche Stimme in uns spricht. Ein sicherer Hinweis, ob du von deiner Intuition geführt wirst oder von deinem Ego, ist, wie schon erwähnt, die Freude. Dazu musst du aber mit dir selbst erst wieder in Kontakt kommen. Wahrnehmen und spüren, was deine Bedürfnisse sind. Abseits von Vorgaben und Regeln. Dazu möchte ich dich zu einer kleinen Übung einladen, die besonders sinnvoll ist, wenn du vor einer Entscheidung stehst:

Nimm dir einen Augenblick Zeit. Setze dich auf einen Stuhl oder auf ein Kissen am Boden. Schau, dass du es bequem hast und du dich wohl fühlst.

Dann nimm einmal ein paar tiefe Atemzüge. Spüre, wie der Atem aus dir hinausfließt und wieder in dich einströmt. Wenn du dich bereit fühlst, dann rufe dir eine deiner Optionen vor dein inneres Auge. Spüre, wie es sich anfühlt, wenn du dich dafür entscheidest. Was kannst du wahrnehmen? Fühlt es sich freudvoll an? Bleib bewusst bei dieser Entscheidungsmöglichkeit. Stelle sie dir so real wie möglich vor und nimm jede Emo-

tion, jedes Gefühl und jede Empfindung dazu war. Wenn du dir deiner Gefühle über diese Situation bewusst bist, dann beende deine Vorstellung und nimm wieder ein paar tiefe Atemzüge. Wenn du wieder bereit bist, wähle die zweite Option und gehe ebenfalls wieder ins Fühlen. Was spürst du jetzt? Wie fühlt sich diese Option im Vergleich zur anderen Option an, ohne deine Wahrnehmungen zu bewerten? Beobachte einfach, was passiert. Vielleicht erkennst du ein Gefühl der Angst oder ein Gefühl der Erfüllung. Achte darauf, dass nicht dein Verstand spricht und etwas rational beurteilen möchte, sondern verlasse dich ganz auf dein Gefühl. Wenn du auch diese Option vollständig gespürt hast, dann bleibe noch für ein paar tiefe Atemzüge und löse dich erst wieder, wenn du dazu bereit bist.

Wenn du beendet hast, dann wäge ab. Zu Beginn kann es gut sein, dass sich eine Entscheidung, die du triffst, nicht gut anfühlt. Denn wir sind es, vor allem als Hochsensible, nicht gewöhnt, unsere Grenzen zu setzen und uns für uns zu entscheiden. Also verzweifle nicht. Sei dir bewusst, dass es immer jemanden geben wird, der verletzt wird, wenn es eine Entscheidung zu treffen gibt. Du kannst dich in jedem Moment frei entscheiden, ob du dein Gegenüber verletzt oder dich selbst. Aber du darfst dir sicher sein, du kannst andere nur unterstützen und für sie da sein, wenn es dir selbst gut geht. Dies mag für Menschen, die es gewohnt sind, dass du für sie da bist und alles für sie machst, natürlich sehr „egobezogen" wirken, aber sie haben dadurch ebenfalls die Möglichkeit, ihre Bedürfnisse zu erkennen und eigenverantwortlich zu werden. Die Folge ist, dass auch sie in ihre Kraft kommen können, einfach, weil du es tust.

Meine Vision

Aber zurück zu meinem Baby, der Seelenplan-Akademie. Ich kreierte eine Ausbildung zum Yogalehrer für Hochsensible, die den Namen Seelen-Yoga trägt. Warum? Weil ich über meine körperlichen Beschwerden zum Yoga gekommen bin. Durch meine eigene Ausbildung und das Unterrichten in den Ausbildungen ist mir bewusst geworden, dass Yoga mein Lebensweg ist, nicht nur etwas, das auf der Matte stattfindet. Dort hat es für mich gestartet, aber dann begann die Reise zu mir selbst. Diese Reise findet nach wie vor statt. Und ich empfinde es als schön, obwohl es immer wieder fordernd ist.

Meine Wahrnehmungen und Eingaben als Hochsensible haben mich das Skript und die Ausbildung an sich nicht klassisch gestalten lassen, denn mir geht es um Freiheit in der Bewegung und Freiheit im Denken. Für mich gelten individuelle Zugänge zu den unterschiedlichsten Themen. Ich finde es schön, die Tools des Yoga und der unterschiedlichen Yoga-Traditionen zu verwenden, allerdings auf meine Art und Weise.

Die Anatomie des Körpers war lange Zeit mein Steckenpferd. Durch den jahrelangen Anatomieunterricht, den ich geleitet und dementsprechende Ausbildungen absolviert habe, habe ich gelernt zu sehen, ob diverse Ausrichtungen für unterschiedliche Körper zuträglich sind oder nicht. Demnach erkenne ich Haltungen, die anatomisch unzuträglich sind.

Ebenso wurde mir die letzten Jahre aber auch der Stellenwert der Seele im Zusammenspiel mit dem Körper bewusst. Denn die Seele möchte sich frei entfalten, sie möchte sich erfahren und ausprobieren, da sie wissbegierig ist wie ein kleines Kind. Diese Neugierde zu leben ist aber nur möglich, wenn wir uns dazu entscheiden, für uns einzustehen. Mein Ansatz ist demnach Eigenverantwortung zu vermitteln und für hochsensible Menschen ganz wichtig, Selbstliebe sowie Selbstmitgefühl und das Grenzensetzen zu fördern. Denn dies waren meine Schlüssel, mit beiden Beinen fest im Leben zu stehen, an mich zu glauben und mein Herzensprojekt aufzubauen.

Warum ich für mein Herzensprojekt brenne?

All mein Mut und meine gemachten Erfahrungen haben mich zu dem gemacht, was ich heute bin. Ich trage eine unerschöpfliche Neugierde in mir, Neues zu entdecken und das Spiel des Lebens immer wieder in seinen unterschiedlichen Facetten zu erkunden. Dies löst Freude in mir aus und die Gewissheit, dass nur die Veränderung beständig ist. Nach wie vor immer wieder herausfordernd, aber kein Vergleich zu früher. Denn ich fühle mich angekommen in meinem Sein und folge meiner Berufung. Ich scheue mich nicht davor, mein Leben immer wieder meinen Bedürfnissen entsprechend zu verändern.

Ich bin hochsensibel und empfinde dies im Vergleich zu meinem ersten Eindruck wunderbar. Nachdem ich gelernt habe, damit umzugehen und die Hochsensibilität als Gabe zu verstehen, möchte ich diese Erkenntnis nichts als teilen. Denn ich weiß, wie ich mich damals gefühlt oder nicht gefühlt habe. Meine Erfahrungen sollen auch dich dazu inspirieren, dich zu trauen, deiner inneren Stimme zu folgen, deinen eigenen Bedürfnissen zu vertrauen und deine Grenzen zu respektieren.

Einer meiner Schlüssel war es, zu erfahren, was Selbstwirksamkeit bedeutet. Sie hat mich direkt in meine Eigenverantwortung geführt. Durch sie habe ich erkannt, dass alle Erfahrungen, die ich als Kind gemacht habe, sind, wie sie sind. Ich habe sie anerkannt in ihrem Sein der Erfahrungen, die ich auf Seelenebene machen wollte, um in meine Kraft zu kommen. Für mich ist klar, wir können uns selbst entscheiden, wie wir unsere Erlebnisse bewerten. Wir können anderen im Groll gegenüberstehen, um einen Schuldigen zu haben, oder wir können aussteigen aus unserer Opfer-, Täter-, Retter-Rolle und anerkennen, dass jeder in jedem Augenblick sein Bestes gibt.

Durch Achtsamkeit und Beobachtung lässt sich rasch erkennen, dass wir selbst ebenso oft überfordert sind und nicht so handeln, wie wir es täten, wären wir gerade entspannt. Deshalb ist mir auch mein Herzensprojekt der Seelenplan-Akademie so ein Anliegen. Denn hier findest du Möglichkeiten, bewusster zu werden und zu erkennen, welchen Irrtümern wir des Öfteren unterliegen. Immer wieder darf ich mich in anstrengenden Situationen selbst daran erinnern. Deshalb halte ich den Raum, indem andere Erfahrungen machen können, um anschließend ihre Erkenntnisse zu teilen. Ich begleite speziell feinfühlige Menschen, ihre eigenen Körperempfindungen wahrzunehmen, um ihre individuellen Bedürfnisse zu erkennen, ihre Grenzen liebevoll zu setzen und ihren eigenen Selbstwert zu stärken. Wenn wir wieder lernen, uns gegenseitig zuzugestehen, diesen Bedürfnissen zu folgen und sie unseren Mitmenschen zu kommunizieren, können wir eine Welt kreieren, die einen achtsamen Umgang miteinander fördert.

Somit ist mein Schluss, wenn ich es aus einer größeren Perspektive heraus betrachte: Schmerz gehört zum Leben dazu, aber es ist unsere eigene Entscheidung, aus Schmerz Leid zu erschaffen. Unsere Seele wollte hier auf der Erde in einem menschlichen Körper inkarnieren, um unterschiedliche Dinge zu fühlen und zu erfahren.
Deshalb haben wir einen Körper, damit wir wahrnehmen, wie sich etwas anfühlt. Denn jede Seele ist reines Bewusstsein und somit fernab von emotionalen Erfahrungen, während wir ohne Körper sind. Durch die Geburt haben wir die Seelenebene allerdings vergessen, denn wir wurden scheinbar getrennt von einem Zustand des „All-Eins“. Hier auf der Erde dürfen wir wieder erkennen, dass wir noch immer verbunden sind, wir

brauchen uns nur daran zu erinnern. Solange wir hier auf der Erde sind, dürfen wir unsere Individualität erkennen und leben.

NATALIE LEINEKUGEL

MENTALTRAINERIN & HYPNOSECOACH

© Foto:Ilka Hofmann

In mir brennt schon seit meiner Geburt 1989 ein ganz besonderes Feuer, das im Laufe meines Lebens immer mehr unter Ängsten, Zweifeln und Glaubenssätzen begraben wurde. Ich wollte angepasst sein und dazu gehören. Dadurch entstand ein innerer Kampf in mir, der meine Seele letztendlich krank gemacht hat. Anfang 20 kam ich an meinem persönlichen Tiefpunkt an und begann ein Reise zu mit selbst und meinem inneren Brennen. 2021 habe ich mich mitten in Corona, mit Baby und Kleinkind daheim, selbständig gemacht. Seitdem unterstütze ich Menschen dabei, ihr inneres Feuer wieder zu finden und lebendig, frei und mutig den eigenen Weg zu gehen - ohne dabei auszubrennen. Mit meiner Seelenkneipe® hab ich es mit zur Mission gemacht Persönlichkeitsentwicklung, mentale Gesundheit und Spiritualität Stammtisch tauglich zu machen und in die Kneipen zu bringen.

Mehr über mich und meine Arbeit unter
www.seelenkneipe.de

Der Rebell in dir will glücklich sein

von Natalie Leinekugel

Okay, Nati, los - schreib was Inspirierendes! Es geht um Female Empowerment, da hast du doch sonst so viel zu sagen. Es sollte möglichst berührend sein, etwas, das die Leser zum Nachdenken anregt, etwas, das motiviert, was sie vielleicht dazu bewegt, die Perspektive zu wechseln. Außerdem willst du die Menschen unterhalten, sie sollen Spaß haben beim Lesen.

Seit Jahren träume ich davon, ein eigenes Buch zu schreiben und als die Einladung zu diesem Projekt kam, war ich unfassbar glücklich. Es war, als würde mir das Universum sagen: ‚Ja, Natalie, das, was du zu sagen hast, ist wirklich wichtig!' Jetzt sitze ich hier, will endlich anfangen zu schreiben und während die Stimmen in meinem Kopf mich anfeuern, dass es wirklich gut werden muss, sind meine Finger wie versteinert. Mein Kopf sagt: ‚Leg los, mach was Geiles' und der Rebell in mir sagt: ‚Einen Scheiß muss ich!'

Die Geschichte meines Lebens, würde ich sagen!

Der Kopf weiß, was er will und dieser kleine trotzige Rebell in mir ist aus Prinzip dagegen. Lange Zeit dachte ich, dass genau dieser innere Rebell der Grund ist, warum ich unglücklich bin, und dass ich zum glücklich sein nur lernen müsste, mich anzupassen. Das zu machen, was „man" halt so macht - wer auch immer das sein soll. Ich habe versucht, Erwartungen zu erfüllen, nicht ständig alles zu hinterfragen, mich an die Spielregeln des Lebens zu halten und mich immer wieder gefragt, warum zu Hölle sich das so falsch anfühlt. Heute - nach vielen Jahren innerer Arbeit, vielen Tränen, vielen Sitzungen bei Coaches, Therapeuten, etc. - weiß ich, dass genau in diesem rebellischen Anteil meine allergrößte Stärke liegt. Aber fangen wir etwas weiter vorne an.

Wenn man meine Eltern fragt, war ich als Kind wahrscheinlich schon ein ziemlicher Rebell. Mit dem Kopf durch die Wand, die eigenen Bedürfnisse wurden lautstark kommuniziert und auf Diskussionen brauchte man sich mit mir gar nicht erst einlassen.

Ich war die Einzige, die bei ihrem allerersten Ballett-Auftritt mit nagelneuer, zerrissener Strumpfhose auf der Bühne stand und das, obwohl wir die deutliche Ansage bekommen hatten, die paar wenigen Minuten, bevor auf die Bühne gehen sollten, extra vorsichtig zu sein.

Nach außen hin war ich die Prinzessin, die unbedingt Lackschuhe und Socken mit Rüschen tragen wollte, aber in meinem Inneren schlug das Herz einer Pippi Langstrumpf.

Ich mach' mir die Welt, wie sie mir gefällt.

Je älter ich wurde, desto leiser wurde das Rebellenherz. Klar, auf Schule und Hausaufgaben hatte ich keine Lust, aber ich hab's ohne zu meckern gemacht - meistens jedenfalls. Bei allem bin ich schön im Mittelfeld mitgeschwommen. Durchkommen, mit minimalem Aufwand das Maximum rausholen war die Devise. Ich habe gemacht, was erwartet wurde: Realschulabschluss, Abitur, Freiwilliges Soziales Jahr und Studium.

Nach außen hin der Klassenclown und im Inneren total lost. Ich wusste zwar, wie man sich anpasst, aber nicht, wer ich eigentlich bin!

Während den drei erfolglosen Semestern meines Soziologiestudiums habe ich mir zum ersten Mal ganz bewusst die Frage gestellt, was ich da eigentlich mache! Ich dachte immer, dass ich halt studieren muss, habe mich aber nie gefragt, ob ich das auch wirklich will. Die Folge war, dass ich zum ersten Mal in meinem Leben so etwas wie eine depressive Phase hatte, die erst endete, als ich das Studium an den Nagel hing.

Es vergingen Wochen, in denen ich morgens weinend im Zug saß, bis ich diese Entscheidung treffen konnte. Gedanken wie „Was soll denn dann aus mir werden? Jetzt enttäusche ich meine Familie oder ich bin die totale Versagerin" liefen in einer endlosen Schleife durch meinen Kopf.

Aber genau da griff zum ersten Mal seit Jahren mein innerer Rebell wieder ein. Diese Wut im Bauch, dass ich verdammt nochmal machen will, was MICH glücklich macht, war lauter als die Angst und jeder Zweifel.

Die nächsten Monate dümpelte ich also so vor mich hin, auf der Suche nach etwas, dass sich für mich wirklich sinnvoll anfühlt, und landete Anfang 20 in einer Ausbildung zur Tourismuskauffrau. Mir war von Anfang an klar, dass das nicht mein absoluter Traumjob ist, aber der innere Druck, jetzt endlich mal

„was in der Hand“ haben zu müssen, war größer. Ich tröstete mich damit, dass ich ja später immer nochmal studieren oder etwas anderes machen könnte. Zu dem Zeitpunkt hatte ich gerade eine Therapie abgebrochen und dachte, es würde langsam wieder bergauf gehen.Aber wie heißt es so schön: Es wird erstmal schlimmer, bevor es besser werden kann!

Ich möchte euch hier nicht mit den Details meiner mentalen Gesundheit langweilen, nur so viel: “Mir gehts gut“ war die Lüge, die ich täglich erzählte. Es vergingen Tage und Wochen und ich kam aus meinem Loch einfach nicht raus. In mir war diese wahnsinnige Leere und gleichzeitig der große Wunsch, einfach irgendwas zu spüren. Ich stand auf, fuhr zur Arbeit, fuhr nach Hause, ging ins Bett und wartete auf das Wochenende. Freitag und Samstag wurde durchgefeiert, Sonntag auf der Couch im Selbstmitleid gebadet und dann ging der Spaß von vorne los. Yeah. Von Work-Life-Balance hatte ich damals noch nichts gehört.

Mit dem Feierngehen war es so eine Sache. Es gab definitiv Zeiten in meinem Leben, da war es fast wie ein innerer Zwang und die einzige Möglichkeit, mich auszuleben. Ich trank, um den Stress der Woche zu vergessen, ich trank aber auch, um mich wirklich frei zu fühlen. Mitten auf der Tanzfläche konnte ich endlich ich selbst sein. Um drei Uhr morgens hat es nämlich niemanden interessiert, was „man“ so macht, ob „man“ artig ist, ob man „zu laut“ oder „zu unangepasst“ war. Hier konnte ich einfach SEIN und dem Rebellen in mir war egal, dass das Verhalten auf Dauer ziemlich ungesund ist. Hinzu kam, dass sich das Ganze zu einem Teufelskreis entwickelte, meiner mentalen Gesundheit ging’s immer schlechter, mein Körper wurde auch immer öfter krank und die Seele hatte sich vermutlich auf Standby gesetzt.

Damals glaube ich noch an Zufälle und verstand erst Jahre später, dass das, was eines Tages während der Mittagspause passierte, ein Wink des Schicksals war. Vielleicht war es auch Gott, oder das Universum, oder ich habe es mir manifestiert. So oder so, dieser Tag sollte mein Leben verändern und ja, das war genauso episch, wie es klingt.

Ich liebe es schon immer, stundenlang durch Buchläden zu laufen und mich einfach ein bisschen inspirieren zu lassen. Seit meiner Kindheit spielen Bücher eine große Rolle für mich, aber in meinem damaligen „Zustand“ gab es kaum ein Buch und eine Geschichte, für die ich mich begeistern konnte. Auch an diesem Tag - ich wünschte, ich könnte sowas sagen wie „es war ein verregneter Montag Anfang September“, aber ich habe absolut keine Ahnung mehr, wann das genau war - lief ich in meiner Mittagspause durch den Buchladen. Und da war es: „Fuck it" von John C. Parkin. Auf dem Titel stand in dicker roter Schrift „Fuck it - loslassen, entspannen, glücklich sein".

In diesem Moment wusste ich: „Ja, verdammt, ich will genau das." Ich will mich endlich entspannen. Ich will loslassen und ich will verdammt nochmal glücklich sein. Die Wut im Bauch war zurück und der innere Rebell tanzte vor Freude. Nun war das natürlich nicht das erste Mal, dass ich eins der unzähligen Selbsthilfebücher in der Hand hielt. Es war auch nicht das erste Mal, dass mir bewusst wurde, dass ich unglücklich bin oder dass in meinem Leben irgendwas verdammt schiefläuft. Auch über Meditation und Achtsamkeit bin ich schon gestolpert. Also, was war an diesem Buch anders?

Es waren die zwei magischen Worte, die nicht nur mich, sondern auch meinen inneren Rebellen ansprachen: „Fuck it".

Wenn ich so zurückblicke, dann hatte ich damals wahnsinnig viele Vorurteile, wenn es um Themen wie Persönlichkeitsentwicklung, Achtsamkeit oder Meditation ging. Selbst Yoga war für mich schon etwas total Weltfremdes und meine Mutter musste sich mehr als nur einmal blöde Sprüche anhören, wenn sie von Yoga, Kristallen oder Engeln anfing. Sorry, Mama, an der Stelle. Kurz gesagt: Für mich war das alles Kram für Eso-Spinner und damit absolut nichts für mich. Mein „Lebe - Liebe - Lache" war „Feiern - Tanzen - Saufen". Aber mit "Fuck it" konnte ich was anfangen. Das war eine Sprache, die ich sehr gut verstand und es war, als wäre das Buch nur für mich geschrieben worden.

Statt irgendeinem Guru, der sich selbst wahnsinnig ernst nimmt und dir erzählt, einfach positiver zu denken, war das Buch sogar richtig humorvoll geschrieben. Und Humor ist eine weitere Sprache, die ich wahnsinnig gut spreche.

Das Buch wurde zu meiner persönlichen Bibel und zum allerersten Mal dachte ich, Meditation könnte tatsächlich etwas für mich sein.
Meine Seele und mein innerer Rebell waren hellauf begeistert und so starte ich irgendwann im Jahr 2012 meine persönliche Reise zu mir selbst.

Wäre mein Leben ein Märchen, würde das Kapitel an der Stelle enden mit: „... und sie lebte glücklich und zufrieden bis an ihr Lebensende." Tja, wie sich herausstellte, war das einzige Märchen, dass ich mir erzählte, was Glücklichsein eigentlich bedeutet.

Aber eins nach dem anderen.

Zuerst einmal musste ich herausfinden, wie dieses Meditieren eigentlich funktioniert. 2012 war das Thema Meditation noch nicht mal annähern so präsent, wie es heute ist. Damals hatte ich kein Spotify oder YouTube, bei denen ich mir einfach eine geführte Meditation anmachen konnte und auch die Anweisungen auf Google waren alles andere als präzise. Vielleicht habe ich es auch einfach nicht verstanden - kann natürlich auch sein.

Also setze ich mich morgens - wie ich es in Filmen gesehen hatte - auf ein Kissen in den Schneidersitz, zündete eine Kerze an, schloss meine Augen und versuchte, mich nicht von meinen einschlafenden Beinen ablenken zu lassen. In meinem Kopf wiederholte ich, wie ein Mantra, immer wieder die Worte von der Titelseite des Buches „entspannen - loslassen - glücklich sein".

Das machte ich zwei Wochen lang etwa zwei Minuten täglich. Ich hatte gelesen, mal sollte langsam starten und sich dann immer weiter steigern.
Was soll ich sagen? Diese zwei Minuten ließen mich wie ein anderer Mensch fühlen. Ich war plötzlich viel gelassener, mich konnte nichts so schnell aus der Ruhe bringen und erschreckenderweise fiel mir auf, dass ich mich plötzlich aus tiefstem Herzen für andere Menschen freuen konnte.

Stau auf der Autobahn - easy, habe ich mehr Zeit, meine Lieblingsmusik zu hören. Unfreundliche Kunden - hey, der Mensch hat bestimmt nur einen schlechten Tag. Fünf Kilo zu viel auf den Rippen - halb so wild, es gibt viel Schlimmeres im Leben.

Ernsthaft? Glücklich sein geht SO einfach? Ich war angefixt. Ich wollte mehr wissen.

Also fing ich an, noch mehr Bücher zu lesen. Klassiker wie „Jetzt" von Eckardt Tolle zum Beispiel. Ich meditierte regelmäßig, auch wenn ich nach wie vor keinen Plan hatte, was ich da genau machte und wieso dies dann auch noch funktioniert.

Erzählt habe ich damals nur ganz wenigen Menschen davon. Die Scham, dass ich jetzt plötzlich einer dieser „Eso-Spinner" bin, war viel zu groß.
Ich war schließlich die coole Partymaus, die in ihrer Freizeit gerne Bier aus einem Trichter trinkt. Mit Achtsamkeit und Spiritualität hatte das für mich damals wenig zu tun.

Je älter ich wurde und je mehr ich an mir arbeitete, desto lockerer wurde ich mit dem Thema und irgendwann schloss ich mich sogar einer Gruppe zum regelmäßigen gemeinsamen Meditieren an.

Auch in meinem Umfeld wurde langsam mehr und mehr über das Thema gesprochen und es fühlte sich nicht mehr so an, als wäre ich ein „Sonderling“. Meinem inneren Rebellen gefielt das natürlich gar nicht. Wie anfangs gesagt: aus Prinzip dagegen. Also meditierte ich immer unregelmäßiger und musste feststellen, dass ich trotz der vielen inneren Arbeit noch kein Stück näher bei mir angekommen war. Ich ging immer noch jedes Wochenende feiern, ich versuchte immer noch, mich anzupassen und ich hatte immer noch keinen Plan, wer ich bin und was ich eigentlich will.

Nach wie vor war ich lost. Und bei der kleinsten Gelegenheit kamen die alten Verhaltensmuster aus mir rausgeschossen. Stabil und geerdet war das nicht.

Also fing ich wieder an, an mir zu zweifeln. Du arbeitest nicht genug an dir. Du bist viel zu emotional. Du bist einfach ein schwieriger Mensch. Du hast es nicht verdient, glücklich zu sein. Um ein paar Klassiker der Bullshit-Gedanken zu nennen. Ich dachte, ich müsste einfach noch gesünder, schlanker, achtsamer, was auch immer sein und DANN wäre ich endlich glücklich. Haste gemerkt? Ich dachte mal wieder, ich müsste mich anpassen, nur dass es diesmal nicht die Erwartungen meiner Eltern oder meiner Lehrer waren, die ich erfüllen wollte, sondern meine eigenen.

Ich dachte, ich müsste einfach so sein, wie die Selbsthilfe-Gurus, die mich von den Büchern aus anlächelnden. “Mögest du glücklich sein” hieß für mich, positiver zu sein. Den ganzen Tag Dankbarkeit zu fühlen, auf jegliche Form von Genussmitteln zu verzichten. Kein Kaffee, kein Zucker, kein Weißmehl, ja, sogar kein Bier mehr. Stattdessen standen Clean Eating, Yoga und Meditieren auf der täglichen To-do-Liste.

Anfang 2016 war ich so schlank und körperlich gesund wie noch nie. Ich fühlte mich fitter, schlief besser und hatte ein viel leichteres Gewissen.

Aber meine Seele und der Rebell in mir brodelten, was sich in Form von einer heftigen Nesselsucht zeigte. Monatelang lief ich von Arzt zu Arzt in der Hoffnung, der schmerzhafte Ausschlag - der sich inzwischen über meinen ganzen Körper verteilte - würde endlich verschwinden.
Rückblickend weiß ich, dass ich damals ein guter, körperlich gesunder, achtsa-

mer Mensch war. Aber glücklich war ich nicht.

Das tägliche An-sich-Arbeiten und Sich-selbst-Optimieren wurde zu einem Zwang. Ein weiterer Punkt auf der To-do-Liste, der im Endefekt dafür sorgte, dass ich nicht fühlen musste, wie es mir wirklich geht. Streit in der Partnerschaft – oh, ich muss mehr meditieren. Unzufrieden im Job - ja, klar, ich war nicht achtsam genug. Schlechte Laune - kein Problem, mit einer Runde Dankbarkeit geht's mir gleich besser.

Ja, du kannst auch aus den richtigen Gründen das Falsche tun. Ich wusste, was ich tun kann, um mich gut zu fühlen, hab dabei aber völlig ignoriert, warum es mir denn überhaupt schlecht ging. Bedeutet glücklich sein, dass man täglich so hart an sich arbeitet, und dann trotzdem noch schlechte Laune hat? Genau das dachte ich. Glücklich sein bedeutet harte Arbeit. Über die Jahre hatte ich mir ein Fundament erschaffen, das dafür sorgte, dass ich mich oberflächlich viel glücklicher und zufriedener fühlte und dass ich mein Leben sogar richtig gut fand.

Wie instabil dieses Fundament war, merkte ich bei jeder kleinen Herausforderung. Ein kleiner Windstoß und mein Gerüst aus Selbstlügen fiel in sich zusammen wie ein Kartenhaus und es kostete mich immer wieder viel Kraft dieses Gerüst wieder aufzubauen. Mein innerer Rebell und meine Seele hatten zu diesem Zeitpunkt vermutlich aufgegeben.

Und dann passierte etwas, dass mein Kartenhaus nicht nur zusammenfallen ließ, sondern jede einzelne dieser Karten in Brand steckte, sodass selbst Chuck Norris es nicht wieder aufbauen konnte.

Ich wurde Mutter!

2017 kam mein absolutes Wunschkind zur Welt und stelle damit alles, was ich bisher kannte und wer ich dachte zu sein, auf den Kopf. Ich wusste nicht mehr, wo oben und unten ist, fühlte mich nicht wie eine „Mutter", aber auch nicht mehr wie „Ich" - zumindest das „Ich", welches ich zu diesem Zeitpunkt kannte.

Irgendwie hatte ich vor der Schwangerschaft die bizarre Vorstellung, dass es völlig selbstverständlich ist, sich als Mutter aufzugeben. Ich dachte ernsthaft, dass mein Kind automatisch zu meinem Lebensmittelpunkt wird und mir alles andere dann völlig egal ist.

Es dauert keine Woche, da kam in mir das erste Mal das Bedürfnis, einkaufen zu gehen - ganz alleine und mal für 30 Minuten nicht „Mama“ zu sein. Natürlich stand ich dann vollgepumpt mit Hormonen im Supermarkt und heulte Rotzt und Wasser, weil ich mein Baby so vermisste - aber hey, ich war immerhin kurz mal „Ich“.

Es dauerte fast fünf Monate, bis ich so langsam meinen Rhythmus fand und das Gefühl hatte, ich weiß so einigermaßen, was ich da eigentlich tue. Aber die Zeit davor war geprägt von Unsicherheiten und Überforderung. Ich versuchte, mich an anderen Müttern zu orientieren, zu tun, was „man“ eben so macht und hatte trotzdem das Gefühl, permanent zu versagen.

Soll ich das Baby tragen oder nicht? Braucht es selbst gekochten Brei oder reicht das Gläschen? Bin ich eine schlechte Mutter, wenn ich bei 38 Grad Fieber nicht den Krankenwagen rufe? Und so weiter...

Ich liebte es, Mama zu sein, auch wenn ich wahnsinnig überfordert war. Aber ich hatte eben noch eigene Bedürfnisse und Wünsche und der Rebell in mir war nicht bereit, kampflos aufzugeben.

Die nächste Erkenntnis, die mich wie ein Blitz traf, war folgende: Wenn ich als Mama immer noch ein Mensch mit eigenen Bedürfnissen und Wünschen war, dann war es meine eigene Mama ja vielleicht auch!

Absolut jeder, der mit Persönlichkeitsentwicklung anfängt und sich auf die Reise zu sich selbst macht, stolpert irgendwann über die eigenen Eltern. Und ja, es ist so unglaublich einfach, den eigenen Eltern die Schuld für die innere Unzufriedenheit zu geben.

Und ja, es steht außer Frage, dass die Erziehung eine massive Rolle spielt, wenn es darum geht, das „Ich“ zu formen. Und es gibt Eltern, die es wirklich verkacken - da gehören meine zum Glück nicht dazu!

Nur gibt es eben einen Unterschied zwischen Schuld und Verantwortung. Wir können uns unsere Eltern nicht aussuchen (konnten auch meine Kinder nicht) und die Erfahrungen, die wir in unserer Kindheit gemacht haben, sind nicht unsere Schuld.

Es ist aber unsere Verantwortung, wie wir damit umgehen. Lassen wir es los oder halten wir an dem Groll fest? Und auch ich bin mir absolut bewusst, dass ich es bei meinen eigenen Kindern auf die eine oder andere Art und Weise verbocken werde.

Für mich bedeutete diese Erkenntnis zum einen, dass meine Eltern ihr Best-möglichstes getan haben und eben auch eigenen Bedürfnisse und Gefühle hatten und zum anderen, dass ich vielleicht gar nicht so schwierig und anstrengend bin, wie ich es mir immer erzählte. Zum ersten Mal in meinen Leben verstand ich, dass ich allein die Verantwortung für mein Leben trage und es auch allein an mir liegt, für mein Glück zu sorgen.

Wieder stand ich an dem Punkt, an dem ich mich fragte, was Glücklichsein eigentlich bedeutet. Es stelle sich heraus, dass täglich zu meditieren, Clean Eating oder Yoga mit Kindern nicht so gut funktioniert - zumindest für mich.

Ich hatte schlicht und einfach keine Energie und fand nicht die Zeit, mich stundenlang zurückzuziehen. Aber am Wochenende Party zu machen und sich auf der Tanzfläche auszuleben, funktionierte mit meinem Stillbaby leider auch nicht.

Es gab für mich also keine Möglichkeit, mich abzulenken, weder durch gesunde noch durch ungesunde Verhaltensmuster. Ich war meinen Gedanken und meinen Gefühlen ausgesetzt und das war phasenweise für keinen der Beteiligten wirklich schön.

Aber wie schon so oft in meinen dunkelsten Phasen war da die Stimme meines inneren Rebellen, und auch jetzt schrie er laut: „Ich will keine angepasste Mutter sein, ich will verdammt nochmal glücklich sein".

Da war sie wieder, diese Wut im Bauch und dieses Gefühl von ausbrechen wollen; nur dieses Mal hatte ich nichts, um mich davon abzulenken. Dieses Mal konnte ich diesem Gefühl nicht entkommen und es wurde täglich lauter und lauter.

Also stelle ich mir endlich die Frage: Was will ICH überhaupt?
Wie will ICH mein Leben führen? Welche Mutter, Ehefrau, Mensch will ICH sein?

Schnell war klar - in mein altes Leben und in meinen alten Job will ich nicht zurück. Für mich begann der Weg in meine Selbstständigkeit.

Noch heute sind meine zwei Kinder meine größten Lehrer. Durch sie bekomme ich täglich den Spiegel vorgehalten. Ich erkenne mich in ihnen, ich erkenne mich aber auch in meinen eigenen Eltern.

Ich wusste, dass wenn ich meinen inneren Frieden finden wollte, ich mehr als oberflächliche Bewältigungsstrategien brauche. Der Acker musste einmal umgepflügt, das Unkraut beseitigt und neue Samen gesät werden. Das Problem meiner Unzufriedenheit musste endlich an der Wurzel gepackt werden. Heißt, ich holte mir professionelle Unterstützung in Form von Coaches und Mentoren, löste Glaubenssätze auf, lernte, meine Gedanken und meine Emotionen bewusst zu steuern und merkte, dass auch ich in diesem Bereich arbeiten möchte.

All die Jahre Persönlichkeitsentwicklung, das ganze Wissen aus hunderten Büchern, all das wollte ich nutzen, um Menschen auf ihrem eigenen Weg zu sich selbst zu begleiten.

Ich dachte, ich wäre endlich bei mir angekommen, als ich Anfang 2021 nach zahlreichen Ausbildungen mit Instagram startete, um Werbung für mein Business zu machen. Pustekuchen. Für mich begann ein völlig neues Level an Persönlichkeitsentwicklung und ich wurde mit Ängsten und Unsicherheiten konfrontiert, die ich vorher noch nicht kannte. Es hätte ja auch so schön sein können. Ein bisschen innere Arbeit, ein paar Jahre Therapie und man ist auf immer und ewig glücklich und zufrieden mit sich selbst. Selbst der innere Rebell wurde plötzlich ganz kleinlaut.

Wie sich herausstellte, machte es einen riesigen Unterschied, ob man vor seinen Freunden und der Familie über die eigenen Herzensthemen sprach oder ob man das vor fremden Menschen im Internet tut.

Natürlich war mir klar, dass Social Media eine Scheinwelt ist, in der nicht alles so ist, wie es aussieht - aber die ganzen erfolgreichen Kolleginnen, mit denen ich mich täglich verglich, schienen doch jede Menge gemeinsam zu haben. Das richtige Gewinner-Money-Mindset, die volle weibliche Göttinnen-Energie, Gucci-Handtaschen und das Universum in Alignment voll auf ihrer Seite.
Zur Erinnerung: Ich war die Kneipen-Muddi vom Dorf, in roten Adiletten, der es schon peinlich war zuzugeben, dass sie ab und zu meditierte. Das war einfach nicht meine Welt und doch dachte ich - mal wieder - dass ich mich anpassen muss, um erfolgreich zu sein. Schlimmer noch: Ich dachte, dass ich mich entscheiden muss, ob ich über Spiritualität, Persönlichkeitsentwicklung

und Achtsamkeit sprechen oder ob ich freitags in die Kneipe gehen und mein Bier trinken will. Beides geht ja schließlich nicht.

Das Ergebnis war, dass ich anfing, total zu verkrampfen. Ich führte mein Business nicht so, wie ich es wollte; traute mich nicht, meine Wahrheit auszusprechen und ackerte wie eine Verrückte daran, meine beste Version zu werden. Ich war maximal blockiert und das spürten auch meine potenziellen Kunden. Statt meinen Followern und meinem Konto war das Einzige, was enormen Wachstum hatte, meine Unzufriedenheit.

Also schon wieder die Erkenntnis, dass, wenn ich mich anpasse und das tue, was andere tun, es auch nicht besser läuft. Eher im Gegenteil! Die Menschen, die deine Arbeit verfolgen, spüren genau, ob du authentisch bist oder nicht.

Was ich in den ersten Jahren mit meinem Herzensbusiness erlebt habe, bietet Stoff für ein weiteres Buch. Zum Glück hatte ich auf meinem Weg großartige Mentoren an meiner Seite, die mir dabei geholfen haben, bei mir zu bleiben. Die mich ermutigt haben, meinen Weg zu gehen, zu erkennen, dass ich mich nicht entscheiden muss und mir geholfen haben, wirklich an mich zu glauben. Die Selbstständigkeit war und ist für mich und mein inneres Wachstum die größte Herausforderung und ich bin wahnsinnig froh, dass ich mich dieser gestellt habe.

Heute habe ich das Gefühl, dass ich endlich weiß, wer ich bin und was glücklich sein für mich bedeutet. Und das habe ich vor allem meinem inneren Rebellen zu verdanken.

So oft dachte ich, dass mit mir irgendwas nicht stimmt, dass ich anderes als alle anderen bin und diese rebellische Art meine größte Schwäche ist.
Dabei war mein innerer Rebell die ganze Zeit meine größte Stärke!
Mein innerer Rebell war all die Jahre der Anteil in mir, der mich daran erinnern wollte, dass ich niemand sein muss, dass ich allein genug bin und es für mich nur einen einzigen Weg gibt, um glücklich zu sein: meinen eigenen!

Um dahin zu kommen, wo ich jetzt bin, brauchte es einige Erkenntnisse und ein paar der wichtigsten möchte ich gerne mit dir teilen.

Erkenntnis Nummer 1:
Ich habe glücklich sein mit dem Empfinden von Freude verwechselt!

Jahrelang habe ich gedacht, dass wenn ich glücklich bin, sich mein Leben dann wie ein einziger Disney-Film anfühlt. Die Vögel sprechen mit mir und ich möchte den ganzen Tag singen und die Welt umarmen. Schließlich habe ich das oft genug im Fernsehen so gesehen. Glückliche Menschen strahlen Freude aus, sie haben keine Sorgen und sehen alles durch eine rosarote Brille. Genau diesem Glück bin ich so lange hinterhergejagt. Und wenn ich mich dann nicht genau SO gefühlt habe, dann habe ich an mir und meinem Leben gezweifelt. Schließlich ist das Gegenteil von Glücklichsein ja Unglücklichsein, oder?

Rückblickend waren die Momente, in denen ich wirklich glücklich war, aber nicht die Momente, in denen ich vor Freude fast geplatzt bin.
Es waren die Momente, in denen ich eine tiefe innere Ruhe gespürt habe. Momente, die sich frei und ungezwungen angefühlt haben. Völlig unaufgeregt.

So habe ich selbst während einer depressiven Phase im Herbst letztens Jahres plötzlich gespürt, dass ich glücklich bin. Klar, auf eine schräge Art und Weise, aber ich war glücklich. Glücklich, weil ich die Depression zum ersten Mal einfach annehmen konnte. Ich wusste, dass meine Seele gerade einen Schnupfen hat und dass das vorbeigeht.

Freude und Traurigkeit sind zwei gegensätzliche Pole und Glück entsteht für mich dann, wenn ich beides ins Gleichgewicht bringe.

Erkenntnis Nummer 2:
Es geht nicht um Selbstoptimierung, sondern um Selbstannahme!

Je mehr ich versucht habe, an mir zu arbeiten, desto weiter habe ich mich von mir entfernt. Ich dachte, ich müsste zu meiner besten Version werden, heißt, ich müsste noch achtsamer, noch gesünder, noch erfolgreicher, noch disziplinierter sein. Dabei ging es von Anfang an darum, ICH zu sein. Alles loszulassen, was ich nicht bin. Die Geschichten, die ich mir über mich erzählt habe, Glaubenssätze, die mich gesteuert haben und so weiter.

Ich bewundere jeden Menschen, der morgens um fünf Uhr aufsteht und mit einer perfekten Morgenroutine in den Tag startet. Wenn du Bock hast, enthaltsam zu leben und fünfmal die Woche ins Fitnessstudio zu gehen - dann go for it!

Aber das bin nicht ICH.

Oftmals ist es gar nicht so entscheidend, wie wir leben, sondern mit welcher Intention wir es tun. Klar könnte ich noch schlanker sein, ich könnte auch noch erfolgreicher sein, die Frage ist aber immer: WARUM will ich das?

Weil es mich aus tiefstem Herzen erfüllt oder weil ich denke, dass ich dann besser, wertvoller, liebenswürdiger bin? Wenn ich eins gelernt habe, dann ist es, dass die Seele nicht perfekt und artig sein will. Die Seele will frei, ungezwungen und authentisch sein und ja, dazu gehört es auch mal, unachtsam und ungesund zu sein - so lange es kleine selbstschädigenden Ausmaße annimmt. Du wurdest als deine beste Version geboren – lerne, dich mit allen Facetten anzunehmen. Heilung entsteht dann, wenn du es schaffst, die schlimmste Version von dir zu lieben.

ErkenntnisNummer 3:
Das Leben verläuft in Wellen.

Es gibt ein Zitat der amerikanischen Autorin L.R. Knost, das übersetzt ungefähr so geht: *„Das Leben ist wunderschön. Und dann ist es schrecklich. Und dann ist es wieder wunderschön. Und zwischen dem Schönen und dem Schrecklichen ist es gewöhnlich und banal. Atme das Schöne ein, halte durch während dem Schrecklichen, entspann dich und atme aus während dem Gewöhnlichen. Das bedeutet leben. Herzensbrechendes, seelenheilendes, wunderschönes, schreckliches, langweiliges Leben. Und ich finde, es ist atemberaubend schön."*

Ich durfte lernen, dass das Leben in Wellen und in Zyklen verläuft, ähnlich wie in der Natur. Es gibt Phasen, da sind wir wahnsinnig produktiv und kreativ, es gibt Phasen, da fühlen wir uns wunderschön, stark und mutig und dann gibt es Phasen, da ist mit uns gar nix anzufangen und da wollen wir uns einfach zurückziehen.

Und ja, an manchen Tagen durchläuft man abwechselnd alle Phasen auf einmal.

Das Leben besteht aus Veränderung und Wachstum. Meinungen dürfen sich ändern, Stimmungen dürfen sich ändern, Ziele und Werte dürfen sich ändern, deine Energie darf sich ändern, Pläne dürfen sich ändern. All das sagt nichts darüber aus, wer DU bist. Gegen diese Phasen anzukämpfen oder zu versuchen, das Leben zu kontrollieren, kostet wahnsinnig viel Energie. Lerne lieber, die Phasen und das Leben so anzunehmen, wie es eben kommt. Das erspart dir wahnsinnig viel Stress - glaub mir.

Erkenntnis Nummer 4:
Das Leben ist nicht kompliziert!

Etwas, das ich in der täglichen Arbeit mit meinen Kunden immer wieder erlebe und auch von meinem früheren Ich nur zu gut kenne ist, dass wir oft ein wahnsinniges Drama aus einer eigentlich unkomplizierten Sache machen. Wir denken, alles müsste hart und anstrengend sein und verfallen sogar in einen schrägen Wettbewerb, wer gerade mehr leidet. Stress ist das neue Statussymbol und Sprüche wie „das Leben ist kein Ponyhof" bekommt man als Kind schon eingetrichtert.

Warum ist das so? Sind Dinge, die wir uns extrem hart erkämpfen mussten, wirklich auch mehr wert? Muss irgendwo ein Haken sein, wenn uns mal etwas leichtfällt?

Kann es wirklich so einfach sein? Früher dachte ich immer, ich wäre faul und ich würde mein volles Potenzial nicht nutzen. Ich musste mir immer anhören, dass in mir noch so viel mehr steckt. Heute weiß ich, dass ich einfach immer den unkompliziertesten Weg gegangen bin und das ist völlig okay! Fakt ist, dass ich bisher alles erreicht habe, was ich mir vorgenommen habe und ja, dazu gehört auch, diesen Beitrag zu schreiben. War das immer leicht? Definitiv nicht? War's einfach? Oh ja!

Und auch wenn etwas mit Anstrengung und harter Arbeit verbunden ist, können wir uns immer noch entscheiden, ob wir ein Drama daraus machen wollen oder nicht.

Probleme entstehen erst durch unsere persönliche Bewertung und du musst nicht leiden, um glücklich zu sein.

Erkenntnis Nummer 5:
Wenn du deinen Weg klar vor Augen hast, ist es nicht dein eigener!

„Ich möchte ja so gerne was verändern in meinem Leben, aber ich weiß einfach nicht wie!“ Schon mal gedacht?

Wir Menschen neigen dazu, dass wir alles verstehen wollen, statt uns einfach darauf einzulassen. Hätte ich versucht, herauszufinden, WIE Meditation genau funktioniert, dann hätte ich wahrscheinlich nie damit gestartet.
Ich möchte Menschen ermutigen, ihren eigenen Weg zu gehen, auf die innere Stimme zu hören, sich davon zu lösen, was „man“ so macht und stattdessen das zu tun, was sich für DICH richtig anfühlt. Und nein, dazu musst du nicht erst wissen, WIE das geht - denn deinen Weg wirst du erst im Rückblick erkennen.

Meinen Kunden erkläre ich das gerne so: Die ersten Raketenwissenschaftler hatten doch auch keine Ahnung, wie man ein Raumschiff baut. Sie wussten nur, dass sie auf den Mond wollen. Also haben sie angefangen, sie haben ausprobiert und sind so oft gescheitert, bis es irgendwann funktioniert hat.
Der Mond steht für das Leben deiner Träume. Das Leben, das dich aus vollstem Herzen erfüllt, auf das du später mal zurückblickst und sagst: Ich hab wirklich gelebt. Wie du dahin kommst, wirst du erst verstehen, wenn du anfängst, Dinge auszuprobieren, dich für neue Erfahrungen öffnest und wenn du dir erlaubst, Fehler zu machen. Niemand kann dir sagen, WIE genau dein Weg aussieht, schließlich ist noch niemand deinen Weg gegangen.

Mich haben alle diese Erfahrungen genau hierhergeführt.Ich darf Teil dieses großartigen Buches sein; zusammen mit anderen tollen Frauen. Ich habe mir ein Business aufgebaut, welches mich erfüllt und bei dem ich jeden Tag das tun darf, was ich am meisten liebe. Aber ich habe durch all diese Erfahrungen auch ein so viel tieferes Verständnis für mich selbst bekommen. Dadurch bin ich zu einer besseren Mutter, besseren Ehefrau, Tochter, Schwester und Freundin geworden. Mein Bewusstsein hat sich um 180 Grad gedreht, ich darf frei und selbstbestimmt leben - soweit das als Mama möglich ist.

Ich bin weit davon entfernt, perfekt zu sein, aber ich bin glücklich, weil ich meinen Weg gehe. Jeden Tag. Wo er mich hinführt? Keine Ahnung, aber ich weiß, dass am Ende des Tages das Leben immer für mich ist und es nie darum geht, ein bestimmtes Ziel zu erreichen.Es geht einfach darum, den Weg zu gehen und unterwegs so viel Erfahrungen wie möglich zu machen. Dir Menschen zu suchen, die dich begleiten. Vielleicht nur ein Stück - vielleicht aber auch den ganzen Weg. Es geht darum, Spaß zu haben, lebendig zu sein und zu tun, was sich für DICH echt anfühlt. Unabhängig davon, ob das jemand versteht oder nicht.

Für jedes Hindernis, dass sich mir in den Weg stellt, habe ich meinen inneren Rebellen. Mein innerer Rebell ist die ganze Zeit vorangegangen, hat mir mit einer Machete den Weg frei geschlagen, hat mich angeschrien, weiterzugehen, war trotzig und wütend, wenn ich nicht auf ihn gehört habe. Mein innerer Rebell hält seit meiner Geburt die Landkarte in der Hand, ich musste nur lernen, auf ihn zu hören.

Auch du hast diesen rebellischen Anteil in dir. Der Teil, der keine Lust hat, Erwartungen zu erfüllen, der sich nach Freiheit sehnt und der DEINEN Weg kennt. Was kannst du also tun, um mit diesem Teil in Kontakt zu kommen?

Wie beim Navi brauchst du zwei Dinge, damit dir eine passende Route ausgespuckt wird: einen Start und ein Ziel.

Der Start bist du, finde heraus, wer du wirklich bist - und zwar JETZT. Mit allen Stärken und allen Schwächen. Geh auf ein Date mit dir selbst, verbringe Zeit mit dir alleine, meditiere, journale, lerne dich wirklich kennen und lerne zu unterscheiden, wer du bist und was die anderen in dir sehen!

Das Ziel sind deine Wünsche und deine Träume. Wie sieht dein ideales Leben aus? Was würdest du am Ende deines Lebens bereuen, nicht gemacht zu haben? Worauf bist du bei anderen so richtig neidisch? Wo bist du unzufrieden und was macht dich wütend? Du denkst jetzt vielleicht, hä? Ich soll Neid, Wut und Unzufriedenheit spüren? Ich sag' mal so - du kannst es nicht nicht spüren, alles andere wäre utopisch und vermutlich ziemlich ungesund. Diese Gefühle sind vollkommen normal, wichtig ist zu verstehen, was sie dir sagen wollen.Die Unzufriedenheit zeigt dir auf, in welchen Bereichen deines Lebens es etwas zu verändern gibt. Durch Neid erkennst du deine eigenen tiefsten Wünsche und die Wut hilft dir dabei, deine Grenzen zu erkennen. All diese vermeintlich negativen Gefühle werden für deinen stärksten Antrieb richtig genutzt, auch wenn es auf andere ziemlich rebellisch wirkt.

Der wichtigste Rat und die wichtigste Erkenntnis überhaupt ist aber die: einfach machen. Leg los, buch dir einen Kurs, kauf dir ein Notizheft, zeig deinem Chef den Mittelfinger. Jeden Tag triffst du ganz automatisch eine Entscheidung zwischen Stillstand oder Veränderung.

Schaut man zurück in der Geschichte, so waren es immer die Rebellen, die

Spinner und Träumer, die wirklich Großes bewirkt haben und so etwas verändern konnten.

Es braucht nicht immer die großen Veränderungen und wir müssen nicht alle die Welt retten, denn vielleicht braucht die Welt niemanden, der sie rettet. Vielleicht müssen wir nur uns selbst retten. Eines Tages oder Tag eins - es liegt an dir!

LENI PENELOPE

GRÜNDERIN COPYWRITING AGENTUR

© Foto: Leni Zankl

Trotz meines ständigen Bekenntnisses, keine Sonnenanbeterin zu sein, findet man mich doch das ganze Jahr über dort, wo die Sonne scheint. Ironisch, oder? Aktuell lebe ich im Süden Frankreichs. Als Gründerin der Copywriting-Agentur Leni & Friends bin ich die kreative Mastermind hinter zahlreichen Werbekampagnen und Business-Texten für einige der einflussreichsten Personal Brands und (Online-) Unternehmen im DACH-Raum. Wenn ich nicht gerade mit Worten jongliere, bin ich aktiv beim Sport, genieße die Natur, erforsche semitische Sprachen und Kulturen oder verbringe Zeit mit meinen Liebsten.

Mehr über mich und meine Arbeit unter
www.lenipenelope.com

Don’t forget to shine: Eine Hommage ans Leben, Rausch und Selbst

von Leni Penelope

Triggerwarnung: Sex, Drogen, Suizidgedanken

Leben, f*ck mich!
Zu fünft sitzen wir in unserer Airbnb-Wohnung im regnerischen Sydney, Australien: Mitch, Coco, Deeke, Laura und ich. Na gut - Tom, unser britischer Bekannter und seine ebenfalls britische Juristen-„Freundin“ Erin crashen im Schnitt auch alle zwei Tage mal für ein paar Stündchen auf unserem Boden.

Aber auch wenn sie da sind, sind sie nicht da. Wir sind also zu fünft. Punkt.

Immer abwechselnd entscheiden wir, wer heute im Doppelbett, auf dem Sofa oder auf dem Boden schlafen darf. Weihnachten und mein Geburtstag stehen vor der Tür, wir leben allesamt in unserer ersten „eigenen“ Wohnung und haben das Party-Game in Übersee erst kürzlich für uns erschmeckt.

Ein paar Tage vorher liebten Coco und ich uns im Klo einer ranzigen Bar (freundschaftlich versteht sich), Michelle datete den Leadsänger einer Indie-Rockband, wir alle arbeiteten mal hier, mal da, in dem ein oder anderen Restaurant, und hatten wenig bis keine Sorgen. Kurz gesagt: Das Leben war perfekt.

Doch lass uns in der Timeline ein wenig zurückspulen, damit du verstehst, was mich ausmacht, wer und wie ich bin, liebe Leserin, lieber Leser.

Wie ich meine persönliche Definition von „Anti-Angst vor dem Leben“ pflege.

Und auch, was es auch für DICH bedeuten kann, das Leben mutig bei beiden Hörnern zu packen.

Fast 2 Jahre vorher, März 2018

Die restlichen Rupien, die ich mir am Tag vorher vom einzigen Geldautomaten der Insel geholt habe, lagen auf meinem Bett. Unterteilt in 2 Stapel. Ein Stapel, mit dem ich im Worst Case zumindest das Boot zurück zum Festland und das Taxi zum Flughafen bezahlen könnte. Und ein zweiter Stapel, den ich heute Abend auf der heute anstehenden, monatlichen Inselparty „investieren" wollte.

Ein Gin Tonic hier, ein dänisches Augenpaar da. Und einige Stunden später. In regelmäßigen Abständen ging ich immer wieder in mein Zimmer zurück, hob mein Kopfkissen an und toppte meinen „Kredit" des Abends auf.

Der Geldstapel für die Inselparty wurde von Mal zu Mal kleiner. Alles wie geplant also. Nur leider wurde auch der Stapel mit dem Geld für die Rückreise immer schmaler ... bis er irgendwann ganz hinter der Bar verschwand.
Wie zur Hölle sollte ich jetzt zurück aufs Festland und damit zum Flughafen kommen?

Die Nacht endete auf einem Dach, das nicht mal zwei Quadratmeter groß war und aus Stroh bestand. Anton war über mir, sah mir in die Augen. Und ich sah nur Sterne.

So Gott will, haben mir Anton (dänisches Augenpaar) und seine zwei Freunde (Alex und ein anderer Typ, dessen Name ich zwar vergessen, aber dessen Charisma mir immer in Erinnerung bleiben wird) angeboten, mit ihnen am nächsten Tag aufs Boot zurück zum Festland zu hüpfen.

Blauäugig bin ich zwar schon seit meiner Geburt, aber naiv war ich damals wirklich. Denn nach unserer gemeinsamen Nacht malte ich mir nämlich bereits aus, wie es wohl werden wird mit Anton. Ob wir zwischen Dänemark und Deutschland eine Fernbeziehung führen würden? Und wann wir uns wiedersehen. „Da lachen ja die Hühner", würde meine Mama sagen.

Notiz an mein altes Ich: Willkommen in der Welt von One-Night-Stands & Casual Sex. Anton habe ich natürlich nie wieder gesehen. Um ihn soll es aber auch gar nicht gehen, wenn ich von einem „besonderen Jemand" dieser Reise spreche.

Denn dieser besondere Jemand, den ich niemals vergessen werde, ist Alex.

Der Franzose und Freund von Anton, der gemeinsam mit uns die Insel auf dem kleinen Boot verließ und zurück durch den Indischen Ozean auf das Festland schipperte. Am Tag meiner Abreise standen Alex und ich vor unserem Hostel, die Sonne brannte herunter wie in der Sahara und ich versuchte, mir mit meinem Unterarm Schatten zu spenden.

Wir hielten uns fest und verabschiedeten uns. Alex schaute mir eindringlich in die Augen und flüsterte mir einen sehr entscheidenden Satz ins Ohr. Einen Satz, den ich niemals vergessen werde und auch heute noch eine Art Mantra für mich ist.

Vor ein paar Jahren habe ich versucht, Alex ausfindig zu machen, ihn zu kontaktieren und mich bei ihm für den tiefgreifenden Einfluss zu bedanken, den seine wenigen Worte auf mich hatten.

Meine Seele hat sich SO gesehen gefühlt. Fast ertappt. Und es sollen auch genau jene Worte werden, die den Titel dieser Geschichte bilden: Vergiss nicht, zu strahlen („Don't forget to shine").

Bis heute sind diese Worte wie ein stetiger Ruck, der mich dazu antreibt, mich nicht kleiner zu machen, als ich bin - sondern meine Unvollkommenheiten und Talente kühn zu zeigen. Unangenehme Momente gibt es natürlich trotzdem noch ... meistens aber nur für die anderen ;-)

Doch wie kam es nun dazu, dass Alex' Worte mich trafen wie der Blitz?

Nun, meine erste Asien-Reise begann inmitten von Panikattacken - einer Zeit, in der ich mich extrem verloren und fremd in meiner eigenen Heimat fühlte. Spontan, wie ich - und mein Chef Gerhard damals - waren, stieg ich also in den Flieger, hopste durch die Weltgeschichte und ich begegnete Alex.

Attraktiv, bedeutend älter, und mit einer Weisheit, die es in sich trug. Als hätte ich durch ihn das erste Mal verstanden, dass mein Intellekt, meine Schönheit und meine Tiefe wirklich zählen.

Als hätte mich das erste Mal im Leben jemand bei der Hand genommen und gesagt: “Du bist in Ordnung, wie du bist. Doch jetzt liegt es an dir, zu entscheiden, was stärker ist: deine Zweifel oder dein Licht.”

November 2019
Ich stieg in Sydney aus dem viel zu engen Billigflieger und schnappte mir meine Gepäckstücke. Von der normalerweise üblichen Sonne war zu diesem Zeitpunkt nicht mehr viel übrig, denn es war schon dunkel, als ich in den Bus stieg, der mich in die Innenstadt bringen sollte.
In meinem damaligen Zuhause angekommen, blickte ich meinen Freunden verschmitzt ins Gesicht, wir fielen uns in die Arme und es dauerte nicht lange, bis wir uns entschieden, nochmal auf die „Piste“ zu gehen.

Mensch, tat das gut, wieder hier zu sein!

Wir waren umgeben von anderen erwachsenen Kindern, die sich einst rund um den Globus getrieben hatten - oder das immer noch tun. Zu den meisten von ihnen habe ich keinen Kontakt mehr. Anders als zu Mitch. Aber dazu später mehr.

Einige von uns hatten gerade erst die Schule beendet, andere konnten bereits auf eine halbe Karriere zurückblicken, während wieder andere ein Zuhause hatten, das sich nicht wie ein Zuhause anfühlte, und sie einfach nur fort wollten.

Keines dieser Szenarien galt für mich. Ich war bereits seit vier Jahren aus der Schule und habe meinen Job im Vertrieb geliebt. Nach meinen ersten Solo-Reisen wurde mir aber bewusst, dass es eine große, weite Welt zu entdecken gab.

Mit 19 kündigte ich also schnurstracks meinen Job und machte mich auf den Weg, ohne großartig darüber nachzudenken. Ohne Zweifel eine der besten Entscheidungen, die ich bisher getroffen habe.

Rückblickend, einige Jahre älter und weiser, erkenne ich, dass ich mich in der Heimat oft ungewollt; ja, wie eine Außenseiterin gefühlt habe. Ich trug Kleidung, die man heute als „camp“ bezeichnen würde, sprach manchmal, bevor ich über meine Worte nachdachte, und lebte an sich ziemlich ungehemmt. Meine Freunde lieb(t)en mich wie ich bin und meine Eltern sind quasi schon super entspannt aus dem Muttermund geschlüpft. Doch viele Mücken machen auch irgendwann einen Elefanten.

Meine „Mücken" waren es, schief angesehen zu werden, wenn ich mit knalligen Klamotten oder einem neuen Scherenschnitt in die Schule kam, gesagt zu bekommen, dass meine Träume zu optimistisch sind und gefragt zu werden, in welcher Realität ich denn lebe.

Bemerkbar machte sich das in DIESEM „Elefanten": Ich war unsicher. Überspielte es mit makaberem Humor und fühlte mich, je größer der Radius zwischen mir und Deutschland war, desto wohler. Und das war eine sehr, sehr lange Zeit so - bis ich mir irgendwann selbst mit weißen Flaggen den Frieden angeboten habe.

Feststeht: Dinge wie räumliche, zeitliche und finanzielle Freiheit waren immer stärkere Motivatoren für mich als das sogenannte „Sicherheitsnetz" des alltäglichen Lebens. Sie sind der Antrieb und die Plattform für die Dinge, die wirklich für mich zählen, wenn äußere Einflüsse keine Rolle mehr spielen: Mit meiner Oma Honigbrot essen, wann ich Lust dazu habe. Sich frei wie eine Nixe fühlen beim Schwimmen im See. Und die Gewissheit haben, dass man sich leisten kann, was man sich wünscht, zu erleben.

Auf meinen Reisen habe ich mich erstmals gezeigt, wie ich war - ohne die alten Erwartungen (an mich selbst), Glaubenssätze oder Konditionierungen, die mich zu Hause begleiteten, war ich einfach ich.

Natürlich unbewusst. Anfangs realisierte ich nicht, dass das genau jener Grund war, wieso ich schon beinahe eine panische Abwehrhaltung dagegen entwickelte, wieder zurück nach Hause zu gehen. Wieso ich Herzrasen bekam oder wütend wurde, wenn mich jemand fragte, was meine Pläne für eine mögliche Rückkehr nach Deutschland sind.

1 Jahr. 2 Jahre. Bis es schließlich 3 und ein bisschen Jahre waren, die ins Land gezogen sind. Meine Eltern wurden ungeduldig. „Wir sind glücklich, solange du glücklich bist", sagten sie. Und doch vermissten sie ihre einzige Tochter, die sie so lange nicht gesehen hatten.

Für dieses Geschenk, vermisst zu werden, bin ich dankbar.

Wichtig ist zu verstehen, dass meine Abneigung gegenüber meinem Heimatort nicht gegen die Menschen dort gerichtet war, sondern gegen die Geschichten, die ich mir über sie erzählt hatte. Ich hatte mich selbst verletzt, indem ich die scharfen Kommentare von Fremden zu sehr an mich herangelassen hatte.

Doch heute, etwa fünf Jahre später, liebe ich das Leben im Ausland noch immer. Genauso ist es mir aber eine Priorität, meine geliebten Eltern und Freunde in meiner Heimat (oder sie mich in Afrika oder Europa) zu besuchen.

Während ich diese Zeilen aus meiner Wohnung von der Côte d'Azur im Süden Frankreichs schreibe, spüre ich eine intrinsische Zufriedenheit. Von meinen Füßen auf dem Holzboden bis hin zu meinem sich ausweitenden Herzraum.
Mein Lebensstil ist langsamer geworden. Ich reise langsamer von Land zu Land und nehme mir auch innerlich mehr Zeit. Ich verspüre keinen Druck, die Welt zu überstürzen, sondern ich möchte sie in ihrer ganzen Pracht und Vielfalt erleben. Die Welt sehen, wie sie ist. Sie erscheint mir wunderschön, zart, ehrfürchtig, intelligent, hässlich, bunt und reich – und ich empfinde Freude und Dankbarkeit für jeden Tag, den ich in ihr verbringen darf.

Und doch fängt mein Leben jeden Tag immer wieder erst neu an.

Auszug aus meinem Tagebuch, Ende 2019, Kambodscha und Bali
Es ist mir ein emotionales Fest, festzustellen, wie viel ich in den letzten zwei Wochen auf meiner Reise durch Kambodscha und Bali erleben durfte.

Ich verliebte mich in eine griechisch-schottische Schönheit, ging auf eine Waldparty, auf der niemand Deutsch oder Englisch sprach, noch im Entferntesten meine Altersklasse war und ging auf die traditionelle Insel-Hochzeit meines weisen Freundes Juan.

Juan ist nicht die Art von Freund, die ich jede Woche sehe und mit der ich samstags beim Kaffee darüber plaudere, was wir diese Woche so getrieben haben.

Juan ist die Art von Freund, bei der es sich anfühlt, als hätte er mich für MICH gesehen, noch bevor ICH es gesehen habe. Die Art von Freund, mit dem ich das allererste Mal die Höhen und Tiefen des Lebens geschmeckt habe, der mir auf den verschiedensten Kontinenten schon einen Schlafplatz angeboten hat und - kein Scheiß - einer der bedeutendsten Menschen in meiner Entwicklung ist.

Ich wäre heute nicht, wo ich bin, wäre es mit Juan damals nicht gewesen, wie es war.

Auch die schiere Existenz seiner Frau Iluh ist mir bis heute ein Geschenk. Die beiden haben viel für mich getan. Viel gegeben. Viel geliebt. Sie waren live dabei, als meine Seele sich entschied, erwachsen zu werden.

Als ich das erste Mal Sterne sah. Und mit voller Geschwindigkeit mit dem Arsch wieder auf den Boden knallte.
Dafür verehre ich sie von Herzen. Juan und Iluh, das ist für euch.

Zurück in Sydney, 2019.
An dem Abend, an dem ich zurück aus Asien und rein in die naive, rosige und aufregende Welt der Rucksacktouristen in Australien kam. Der Begriff FOMO (= die Angst, etwas zu verpassen), war damals noch nicht „in". Schade eigentlich.

Denn genau wegen dieser vier Buchstaben wurde ich nicht einmal 24 Stunden NACH meiner Ankunft verhaftet. Die Details erspare ich dir. Vor allem aber auch meinen Eltern, die diese Zeilen vermutlich auch irgendwann lesen.

Fest steht: Auf Dopamin stehe ich nach wie vor. Aber mittlerweile besteht dieses aus Sport, Liebe und Abenteuern, die mich länger als nur ein paar wenige Stunden (oder Minuten) glücklich machen.

20 Jahre jung und eine sechsmonatige Bewährungsstrafe später.
Es soll weitergehen, mit einem Mann, bei dem ich bis heute nicht weiß, wie wir füreinander empfinden. Und vielleicht will ich es auch gar nicht wissen.

Erst heute habe ich ihm geschrieben, dass ich von seinem kleinen Bruder und einem Wal geträumt habe. Ich war nicht überrascht, als er mir erzählte, dass sein Bruder erst letzte Woche einen FUCKING Wal bei sich zu Hause am Meer entdeckte. Was in den Jahren 2020 - 2021 zwischen uns vorgegangen ist, darf immer sein und bleiben, wo es ist. In meinem Herz.

Tim ist Niederländer.

Zum einen erinnert sein starker Akzent daran, zum anderen aber auch das riesige Tattoo seines Amateur-Sportclubs, das seinen Platz auf meinem Oberschenkel findet. Desinfizierung und Sicherheitsmaßnahmen gab es nicht viele. Schmerz, Blut, Gelächter, das vertraute „You two again!?" und Jack Daniels hingegen schon. Bis heute ist es eins meiner Lieblingstattoos.

„Kann es sein, dass du mehr für mich empfindest?", fragte er mich eines Nachts - es muss um 1 Uhr gewesen sein - als wir uns einander zugewandt am Boden meines Zimmers gegenübersaßen. Nur wir zwei, als der Rest unserer damaligen Clique schon auf der Party war.

Es war der Tag vor seiner Abreise nach vielen gemeinsamen Monaten. Während wir über das Leben sprachen, versuchte ich ihm so beiläufig wie möglich zu erklären, dass ich ihn nicht auf DIE Art und Weise mag. Ich betonte auch meinen Respekt für die Entscheidungen, die er für sich trifft, einschließlich seiner damaligen Fernbeziehung. Ich räusperte, als die brennenden Chemikalien meinen Schlund hinunterliefen.

Was ich ihm damals, wie heute, erspare, war die Tatsache, dass er mich fühlen ließ wie niemand zuvor. Und auch, dass ich bereits bei unserem ersten Blickkontakt, Jahre zuvor, nach einer durchzechten Sonntagnacht, meine eigene Seele in seinen Augen erkannt hatte.

Vermutlich hätte ich es gewagt, ihm das zu sagen, wäre er nicht vergeben gewesen.

Aber nicht mal ich selbst konnte mir zu 100 % sicher sein, ob meine Empfindungen überhaupt mehr als eine tiefe Freundschaft waren. Schließlich unterdrückte ich diese Gedanken und Empfindungen - aus gegebenen Gründen - bevor sie überhaupt eine Chance hatten, von mir hinterfragt oder erforscht zu werden. Warum also Komplikationen schaffen, wo ich vielleicht gar nicht den Elan hatte, mich mit ihnen auseinanderzusetzen?

‚We both knew what the other had seen', auch wenn ich nie den Mut aufbrachte, meine Hand nach dir auszustrecken, Tim.
In unseren letzten Tagen und Wochen zusammen als Arbeitskollegen auf einer Mandelfarm, inmitten des australischen Outbacks und therapiebe-

dürftigen Methheads, habe auch ich mich auf seiner Haut verewigt.

Auf der Rückseite seiner Oberschenkel stach ich ihm 2 Strichmännchen, 1 Mann und 1 Frau. Darunter schrieb ich „Dangerous Duo“. Das „Dangerous“ kam nicht von ohne: Denn unsere Zeit zusammen hatte nicht nur auf seelischem Level viel Substanz. Wir haben tief in die Gläser geschaut, haben trippend auf dem Rasen gelegen oder sind high wie Bolle durch das Outback gefahren.

Rückblickend waren wir gefühlt 60 % der Zeit high. Doch für diejenigen, die wissen, wovon ich spreche, liebe Leserin, lieber Leser: Ein gemeinsames Come-down schweißt einfach zusammen, nicht wahr?

Niemand kann sagen, wie real diese Zeit für uns wirklich war. Zumindest für uns beide. Und das ist perfekt so. Bis heute verbindet uns eine tiefe Freundschaft, unabhängig davon, wie viele Kilometer uns trennen und wie lange wir uns nicht sehen. Erst letztens haben wir darüber gewitzelt, ob ich nicht seine „Best WoMan“ auf seiner (womöglich nie stattfindenden) Hochzeit sein könnte. Und auch, ob er das Brautauto bei meiner (ziemlich sicher irgendwann) stattfindenden Hochzeit fahren möchte.

Ich verehre diese Verbindung und vor allem auch diese Erinnerungen. Aber ich habe aufgehört, diese Zeit zu vermissen. Die Drogen brachten mir scheinbar zahlreiche schöne Momente - gleichzeitig beraubten sie mich auch an echten, unverfälschten Erfahrungen, die gar nicht erst zustande kamen.

Nach unzähligen Höhen und Tiefen betrachte ich mich heute als mutig genug, das Leben in seiner ganzen Komplexität anzunehmen. Ich greife nicht mehr automatisch zu Alkohol oder Drogen, nur um “mittendrin statt nur dabei” zu sein.

Stattdessen schalte ich mein Handy gelegentlich auf Flugmodus und bin einfach präsent bei mir selbst. Selbst das Beenden von Kindergartenfreundschaften, die nicht mehr richtig passen, empfinde ich als einen Akt des Lebens. Sich selbst nicht treu zu bleiben hingegen, nur um die vermeintliche Treue von bekannten Gesichtern zu bewahren, erscheint mir wie ein wahrer Betrug. Und ich bin froh, das Trikot dieses Spielchens an den Nagel gehängt zu haben.

Ich sehe keinen allzu großen Unterschied mehr zwischen dem Konsum von Social Media, Kaffee, Nikotin, toxischen Verhaltensmustern, denen wir verfallen sind. Versteh mich nicht falsch, ich genieße auch gerne mal einen oder fünf Kaffee und sehe definitiv einen Unterschied zwischen einem Feierabendweinchen und harten, synthetischen Drogen.

Doch meine Fülle an Erfahrung hat mir gezeigt, dass Social Media, Crystal Meth und Bekanntschaften oft einen ähnlichen Rausch in uns erzeugen. Sie haben mir auch gezeigt, was ich nicht mehr will - und ermutigen mich heute, in die Richtung von „was ich will" zu gehen.

Wir haben verlernt, uns auf uns selbst zu besinnen und zu erkennen, dass wahre Erfüllung in unseren eigenen Handlungen und Beziehungen liegt, nicht in äußeren, kurzlebigen Stimulanzien. Denn letztendlich sind es doch die kleinen Momente der Achtsamkeit und der Selbstliebe, die uns wirklich erfüllen können, nicht?
Irgendwo zwischen 2019 und 2021 habe ich auch in meinem Auto gelebt, hatte nur 100 Euro auf der Bank (während ich monatliche Fixkosten von 1000 Euro für ein Persönlichkeitsentwicklungs-Coaching hatte) und erlebte den Schreck meines Lebens, als mein Auto - während meiner Fahrt und irgendwo im Outback ohne eine Menschenseele in Sicht - in Flammen aufging.

Lustigerweise wurde ich am 1. Dezember 2019 verhaftet und am 1. Dezember 2020 ist mein Auto niedergebrannt. Seitdem verbringe ich den ersten Dezembertag beinahe religiös zu Hause.

Doch diese Geschichten, die für immer in meiner Seele archiviert sind, bringen uns zurück zu einer zentralen Perspektive meiner Geschichte.

Wann hast du dich das erste Mal so richtig geliebt und gesehen gefühlt, liebe Leserin, lieber Leser?
Gibt es Menschen, die dich vielleicht sogar mehr für dich sehen, als du es selbst je könntest?

Ich meine so richtig, aus deiner vollen Gänze und in jeder Nuance, die dich ausmacht.

Mit all den Dingen, die du vielleicht als „Fehler" bezeichnest, bei denen du als Teenager so tust, als würden sie gar nicht existieren, und genau jene Dinge, die dich einfach nur authentisch und einzigartig machen?

Bis auf die letzte deiner Zelle?

Eine dieser Seelenfreundschaften für mich war und ist Mitch. Ich war 19, als wir uns auf einem Rooftop das erste Mal gesehen haben. In Mitch fand ich einen Bruder, eine Schwester, eine Mutter und vor allem auch eine Freundin.

Eine Freundin, mit der ich über Monate hinweg im selben 12-Bett-Zimmer geschlafen habe, die mich später über einen Monat bei ihr aufgenommen und mit mir ihr Auto geteilt hat.

Lag sie schon im Bett, kam ich dazu. Oder vice versa. Wir waren zusammen high, down, schwimmen und tanzen. Du warst mir nicht böse, wenn ich deine Gnocchi aß und ich schmuggelte dir Pizza aus dem Restaurant, in dem ich unterbezahlt arbeitete.

Vor allem aber können wir uns über alles unterhalten, ohne dass uns langweilig wird.

Unsere Beinahe-Karriere als Topless-Bartender spare ich mir fürs nächste Buch.

Unsere Freundschaft ist unendlich. Schön, dass es dich gibt. You are a star full of light.

Es war Anfang 2021, als ich an einem Samstag- oder Sonntagabend in einem mir zuerst fremden Wohnzimmer aufwachte und mehrere französische Augenpaare mich anstarrten.

Hinter ihren Augen und den hochgezogenen Mundwinkeln erkannte ich den Spott. Den Spott darüber, dass ich das ganze Wochenende mal wieder drauf war. Von denselben Menschen, die sich noch ein bis zwei Tage vorher als deine besten Freunde ausgegeben haben, wenn es darum ging, noch ein letztes Mal am Stoff zu ziehen.

God bless them - sie wussten nämlich nicht, dass ich Jahrgangsbeste in meinem Französischkurs war und jedes einzelne, abfällige Wort verstand, das von ihren Lippen kam.

“Endlich wieder nüchtern und nichts wie raus hier”, dachte ich bei mir und rappelte mich auf. Oder versuchte es zumindest. Denn auf halber Höhe blieb ich stehen. Der ganze Raum wirkte verzerrt und mir war schwindelig. Ich wusste nicht, wohin mit mir, fühlte mich unendlich alleine und gefangen.

Das Wohnzimmer kam mir vor wie eine Mischung aus einem “Escape Room” und der Regenbogenstrecke in Mario Kart. Dabei wollte ich eigentlich nur von der Couch aufstehen, mich verabschieden und nach Hause gehen.

Es traf mich wie der Blitz, als es mir wieder einfiel: Als der Alkohol und die synthetischen Drogen mich die Tage zuvor nicht mehr “weitergebracht haben”, habe ich noch eine Pappe LSD nachgelegt. Dass diese ihre volle Wirkung erst noch entfalten würde - wurde mir hier schlagartig klar.

Es war der letzte Tag, an dem ich ein Wort mit den Menschen im Wohnzimmer gewechselt habe.

Klarer Blick auf neue Enden

Juan, der Spanier, tauchte mit mir auf 20 Metern Tiefe unter. Sein verschmitztes Lächeln hinter der Tauchermaske war ansteckend und nahm mich mit auf eine Reise weit weg von der Meeresoberfläche und meinem Alltag.

Alex, der Franzose, flüsterte mir etwas ins Ohr, das bis heute meine Zellen in Bewegung bringt. Seine Worte brachten mich dazu, über die Tiefe und Nuancen meiner eigenen Seele nachzudenken.

Pierre, meine zweite erste Liebe, umarmte mich 2021 auf der Arbeit, einfach so. Ich konnte kaum glauben, dass ich Liebe empfangen durfte, ohne etwas dafür “leisten” zu müssen. Jetzt, wo ich nahe unserer damaligen Traumstadt lebe, denke ich öfter an dich. Ich hoffe, du bist dir selbst ein Freund und es geht dir gut.

Yanick, mein Spiegel. Beim Überarbeiten dieser Zeilen bist Du nicht mehr in meinem Leben. Und das ist gut so. Heute verbuche ich dich ausschließlich als Learning in meiner Bilanz.

Und jede:r Einzelne, den ich in diesen Zeilen (nicht) erwähnt habe. Ihr seid es. Und macht mein Leben zu diesem Reichtum an Geschmäckern, Farben und Klängen, wie es ist.

Erst jetzt, einige Jahre später, schreiben wir 2024. Ich beginne zu verstehen, was Selbstliebe bedeutet. In diesen Jahren habe ich mich zum ersten Mal von mir selbst wahrgenommen und gesehen gefühlt. Gesehen für das, was ich bin, für das, was mich ausmacht, für das, was ich alleine durch meine schiere Existenz der Welt zu bieten habe.

Heute weiß ich, dass niemand mich vollständig lieben konnte, wenn ich mich nur als eine komprimierte Version meiner selbst zeigte. Wenn ich nur das „Gute" von mir preisgab und mich für meine Dunkelheit schämte (oft ohne mir darüber bewusst zu sein). Ich habe gelernt, dass jeder noch so kleine Teil meiner Essenz liebenswert ist. Ich habe erkannt, dass ich, du und jeder auf dieser Welt ein Wunder ist.

Auf dem Weg dorthin bin ich in viele Flugzeuge gestiegen, habe tief in die Gläser geschaut und musste schlucken, als die Chemikalien mir bis in den Schlund hinunterliefen.

Ich habe mich in dubiosen Apartments wiedergefunden, in denen ich die Augen schloss und hoffte, dass alles schnell vorbeigehen würde. Ich schnappte meine Sachen, rief mir ein Taxi und legte mich still und heimlich ins Bett, damit niemand meiner Freunde mich fragte, wo ich war und was passiert ist.

Ich suchte Liebe an den falschen Orten, dachte, sie an tropischen Stränden oder in abgefackelten Autos mit Lichterketten gefunden zu haben.

Ich suchte sie auf Hauspartys mit Thaimännern und Kambodschanern, die kein Englisch sprachen (und wenn doch, legten sie kuriose Liebeserklärungen um 2 Uhr morgens unter mein Bett).

Lines, die nach Verbundenheit schmecken, im Endeffekt aber genauso schädlich für mich waren, wie das Nikotin, an dem ich nach wie vor mehr hänge, als es mir lieb ist, zuzugeben.
Gleichzeitig hoffte ich bei (fast) jedem meiner männlichen Freunde oder Flings, dass sie am Ende des Tages erkennen würden, dass ich das bin, wonach sie suchen.

Ich fühlte mich wie ein Kind, das in einem Pool paddelt, nur 50 cm tief, aber dennoch kurz vor dem Ertrinken. Mit dem Unterschied, dass mir nicht klar war, dass ich mich selbst unter Wasser drückte.

Diesen Rucksack meiner Vergangenheit nehme ich mir mit dieser Geschichte von den Schultern.

Ich brauche dich nicht mehr. Du bist und bleibst das imperfekte Präteritum.

Das ist für dich, Mini-Me
Zehn Jahre war ich alt, als ich auf den Geschmack von Solo-Reisen gekommen war. Es war, als konnte ich dort sein, wer ich wollte. Ich konnte selbstbewusst sagen, wenn mir etwas gefällt (oder nicht).

Ich war stolz darauf, gut zu sein, in dem, was ich tat.

Mein Zuhause vermisste ich natürlich auch. Doch langsam aber sicher begann der Schmerz des „Nicht authentisch sein“ und des “Lichtdimmens” bedeutend größer zu werden als der des „nicht zu Hause“ sein.

Das war der Startschuss einer lebenslangen Obsession. Sie führte mich in den nächsten Jahren zum Eiffelturm, einer indischen Gastfamilie in London, Bratislava, Prag (wo ich auch meine Periode das erste Mal bekam) und Plymouth. Als ich 18 wurde, ging es weiter nach Bali, Australien, Kambodscha, nochmal Australien, Montpellier, Madeira und Südafrika.

Ich küsste Lippen aus Ländern, die ich nicht mal aussprechen konnte. Und war erfüllt in dem, was ich tat. Aber nicht erfüllt genug, als dass ich noch vier weitere Jahre mit den anderen erwachsenen Kindern das Gleiche hätte tun können.

Ein verlockender Juckreiz durchströmte mich: der Wunsch, endlich eine innige Beziehung zu mir selbst zu pflegen. Es war Zeit, aktiv zu werden, sowohl im wörtlichen als auch im übertragenen Sinne. Ich wollte keinesfalls länger auf der Seitenlinie meines Potenzials herum dribbeln.
Ich bin 21 Jahre jung und die Entscheidung gefallen. Mein Weg zu einer neuen Ära brach auf und war geprägt von einer Reise, die weit über physische Orte hinausging.

Ein bedeutender Teil dieser Reise war mein Kampf gegen eine Essstörung, die sich während meiner Reise zum Verlust von 30 Kilogramm anbahnte.

Oberflächlich betrachtet, schien meine neue Ernährungs- und Sportroutine zu funktionieren, und die positive Resonanz von außen bestärkte mich darin, diesen Weg weiterzugehen. Doch mein innerer Boden war nicht von dauerhafter Beschaffenheit.

Ich fand mich schnell in einem Zyklus aus Selbstzweifeln und ungesundem Essverhalten gefangen: Vor meinen Liebsten aß ich keinen Bissen, behauptete, ich sei nicht hungrig - aber innerlich kämpfte ich.

Jeder angebotene Bissen fühlte sich an wie ein Angriff auf meine fragile Selbstkontrolle.

Schon ein zusätzliches Gramm meiner Haferflocken und ich verlor die Kontrolle, schleuderte die Schüssel samt Inhalt auf den Boden und legte mich heulend neben die teigigen Scherben, bis ich weder Tränen noch Stimme hatte. Wenn ich allein war, quälten mich Hunger und Scham. Täglich griff ich spätnachts nach abertausenden Kalorien von Schokolade, Pizza und rohem Kuchenteig. Sogar rohe Nudeln versenke ich regelrecht in meinem Magen. Es war wie eine Art Sucht, eine Flucht vor meinen eigenen Gedanken, ein Versuch, die Leere in mir mit Essen zu füllen. Womöglich bislang der größte Rausch, der mich gefangen hielt.

Es dauerte fast zwei Jahre, bis ich Essen wieder einfach nur als das sehen konnte, was es ist und wahr: Nahrung.

Ein paar Wochen und Monate verstrichen: 2022
Innerhalb weniger Tage flog ich von Australien, meiner Heimat der letzten Jahre, zurück nach Deutschland. Dort stand eine ganze Welle von Veränderungen bevor: die Beerdigung meines Großvaters, das Ende meiner Beziehung, die ich auf der „Fete de la Musique" in Paris wortwörtlich habe stehen lassen, eine radikale Haarveränderung von hell auf dunkel und schließlich änderte ich meinen Namen zu Leni.

So sehr hat mich die Person, die ich bisher gewesen war, verletzt.

Diese Entscheidungen kamen nicht aus dem Nichts; sie entsprangen einer tiefen Enttäuschung über die Person, die ich in den letzten Jahren geworden war.

Es fühlte sich fast so an, als ob ich nicht nur meinen Großvater zu Grabe tragen wollte, sondern auch die vergangene Version meiner selbst. Ich sehnte mich nach einem Neuanfang, danach, mich zu optimieren und mein Leben in einem neuen Licht zu sehen. Es gelang mir.

Es folgten meine Reise nach Jakarta, Bali und Südafrika. Bis ich schließlich hier in Europa gelandet bin, wo ich auch heute noch bin.

In Jakarta, der Hauptstadt von Indonesien, schlängelte ich mich eines Nachmittags durch die smogbedeckten Straßen. Postete auf Social Media unverfänglich meine Gedanken. Und erhielt kurz daraufhin eine Nachricht, ob ich nicht bei diesem Buchprojekt hier mitmachen wolle. Ich sagte sofort zu.

In Bali erreichte meine Depression den Peak und dunkle Selbstmordgedanken verfolgten mich fast täglich. Es war auch dort, wo ich ehemalige "Freunde" und Bekannte aus Australien traf. Und mit ihnen auch die Normalität des Rausches. In einem Hotelzimmer mit zugezogenen Vorhängen kochten wir Ketamin auf Löffeln und Sparflamme, und konsumierten es dann im Badezimmer.
Ich lag auf dem kalten Boden, in Angst, dass ich sterben würde. Meine Gedanken rasten zwischen "Ich hoffe, mein Herz bleibt nicht stehen" und "genau deshalb habe ich mir geschworen, ich mach den Scheiß nicht wieder".

Auch meine Essstörung war präsenter als je.

Doch ich verdanke es dem Wunder der Zeit, meiner Willenskraft, der Existenz meiner Liebsten und der Angst vor den unausgeschöpften Potenzialen, zu denen ich bestimmt war, dass ich wieder auftauchte.

Erfrischt und gestärkt, bereit, das Leben in vollen Zügen zu genießen, als die authentische Leni, die ich immer sein wollte (und war).

Was bedeutet es für mich nun, keine Angst vor dem Leben zu haben?
Nun, dafür müssen wir zunächst festlegen, was Leben und was Angst bedeutet.

„Angst ist ein Grundgefühl, das sich in als bedrohlich empfundenen Situationen als Besorgnis und unlustbetonte Erregung äußert. Auslöser können

*dabei erwartete oder unerwartete Bedrohungen, etwa der körperlichen Unversehrtheit, der Selbstachtung oder des Selbstbildes sein."**

*„Leben ist ein Sammelbegriff für eine Vielzahl materieller Erscheinungen (Systeme) in der Natur, die sich in einem ständigen, geregelten Austausch von Energie, Materie und Informationen befinden."**
*(*Quelle: Wikipedia)*

Um ehrlich zu sein, hatte ich nie wirklich Angst vor dem Leben.

Oder anders: Die "Highs", vor denen ich mich fürchte, haben sich verändert.

Denn diese eine Höhe bereitet mir gottgleiche Ehrfurcht:

Die Höhe der verpassten Chancen, nicht wirklich zu leben und meine Spuren nicht zu hinterlassen. Ich fürchte mich davor, nicht genügend Liebe zu geben oder annehmen zu können. Davor, nicht in den Spiegel schauen zu können und zu erkennen, wer ich wirklich bin, jenseits von äußeren Erfolgen und äußeren Faktoren. Und auch davor, abgelehnt zu werden, für das, was ich bin, von Menschen, die mein Leben ein kleines Stück schöner machen.

Gerade deshalb ist es aber die Pflicht eines jeden Einzelnen von uns, das Leben mit beiden Händen zu ergreifen und zu sagen: „Nimm mich, Leben. F*ck mich. Ich bin bereit."

Fast keinen Satz habe ich so oft gehört, wie diesen hier: „Du bist so mutig". Schon in jungen Jahren gereist, fremde Länder erkundet, durch die Wüste getanzt und im Regenwald geschaukelt.

Aber weißt du, warum das für mich so einfach war? Warum es mühelos für mich war, mich im Großstadtdschungel und dichten Smog der Welt zu verirren?

Weil ich keinen Triggern begegnete.

Weil mich niemand abstoßen konnte, der mir etwas bedeutet (zum Zeitpunkt von einem neuen Treffen).

Weil ich einfach war, anstatt ständig zu machen.

Und weil ich süchtig war nach der Einfachheit von Neuanfängen. Gefällt dir dieser Job hier, diese Menschen hier nicht, gehst du halt woanders hin ...

So einfach war das.

Gesehen zu werden, war meine Angst. Abgelehnt zu werden. Mich selbst zu sehen. Die Furcht vor meiner eigenen Dunkelheit war eine grundlegend andere als die, die ich mit 19 Jahren empfand, als ich mehrfach vor Gericht stand - ohne Anwalt und zehntausende Kilometer von Deutschland entfernt. Das steht fest.Doch wirklich mutig bin ich geworden, indem ich regelmäßig in die Heimat fahre, mich alten Situationen stelle und einfach ich selbst bin, dem Leben begegne, roh und schön, wie es kommt, ohne mich zu betäuben. Mir zu erlauben, die sanfte, sensible, starke Version meiner selbst zu sein, die ich schon im Kindesalter war, und als die ich heute wieder aufgetaucht bin.

Arshi, den ich erst vor einer Woche kennengelernt habe, wir beide aber überzeugt sind, dass wir uns zu Hemingways Zeiten schon in Paris begegnet sind, sagte zu mir: „Schon interessant, dass die Person, die du bis vor ein paar Jahren warst, ans Licht kam, um dein damaliges Ich, also dein jetziges Ich, zu schützen, oder?“ Bumm. Hole in One, Arshi. <3

Wahrhaftig mutig bin ich heute, wenn ich mich im Spiegel ansehe, mir und meiner Erscheinung ein Lächeln schenke und das schätze, was ich bin und habe - während ich für das arbeite, was ich will und werde. Selbstständigkeit war mein Plan, und ich bin ihm gefolgt, ohne Scheitern als Möglichkeit zu betrachten. Die Selbstständigkeit mit meiner Leidenschaft: Dem Zuhören. Dem Analysieren. Dem In-Worte-packen.

Und wenn ich eins gelernt habe, dann das: Wir alle haben Angst. Stress. Herausforderungen. Und gleichzeitig auch die Wahl, uns von ihnen einschränken zu lassen. Oder sie anzuerkennen und ihnen mit Mut, Neugier und Inspiration zu begegnen.

Was viele lähmen kann, ist für mich ein intrinsischer Motivator für ein Leben ganz nach meinem Geschmack. Ich verleugne mich nicht und zensiere nichts.

Basta.

Liebe Leserin, lieber Leser: Es ist dein Leben, und in dir steckt mehr Mut, als du glaubst. Habe also keine Angst vor dem Leben, sondern davor, NICHT zu leben. Denn das Leben ist nicht nur das Ziel, sondern auch der fucking Weg dahin. Und dieser Weg beginnt jetzt, in diesem Augenblick.

In großer Liebe und Ehrfurcht für das Leben
Deine Leni Penelope

ANJA WUNDERLICH

LINKEDIN-ENTHUSIASTIN

Jeden Tag 9 to 5 in einem Büro sitzen? Für mich unvorstellbar. Ich wollte meinen eigenen Weg gehen und mich selbstständig machen. Denn das würde mir zwei meiner größten Träume erfüllen: So viel Zeit wie möglich mit meiner Tochter zu verbringen und dabei am liebsten noch zu reisen. Ob mir das gelungen ist und was ich dabei bisher schon alles lernen durfte, das erfährst du in diesem Buch.

© Foto: Tiziana Abegg

Mehr über mich und meine Arbeit unter
https://anja-wunderlich.de/

Vom Vertrauen ins Leben, welches die Selbstständigkeit mich lehrte

von Anja Wunderlich

Seit frühester Kindheit begleitete mich das Gefühl, anders zu sein. Als käme ich von einem fremden Planeten und hätte nur vergessen, welcher das ist. Während es anderen scheinbar total leichtfiel, Kontakte zu knüpfen und Freundschaften zu schließen, hat mich das immer überfordert.

Bei den Lehrern galt ich als schüchtern und die Vorstellung, mich zu melden, war für mich der Horror. Immerhin würden mich dann alle anschauen und was, wenn die Antwort falsch ist?

Nach meinem Abitur schlug ich den klassischen Weg ein und studierte. Mir war nur klar, dass es irgendetwas mit Medien sein sollte. Ich landete in Flensburg und studierte Medieninformatik.
Wobei ich immer dazu sagen muss, dass ich mit Informatik nicht wirklich zurechtkam. Spannend, aber einfach nicht mein Ding. Daher habe ich bei den Wahlmodulen auch immer kreative Themen gewählt. Und das machte mir richtig viel Spaß.

Nach einem scheußlichen Pflichtpraktikum ging es langsam auf das Ende zu. Ich saß an meiner Bachelorarbeit und da wurde es mir plötzlich klar. Wie genial ist es bitte, so zu arbeiten? Nach meiner eigenen biologischen Uhr zu gehen und das Wichtigste am Nachmittag zu erledigen? Nicht, wie bisher immer erwartet, morgens schon topfit und leistungsfähig zu sein.
Ich hatte einen Hauch von Freiheit geschnuppert und wollte mehr.

Die Geburt meiner Tochter verschaffte mir die dringend benötigte Pause von den ausgetretenen Pfaden. Mein Leben hat sich komplett verändert. Im ersten Jahr bedeutete das vor allem einen enormen Schlafmangel. Ich war plötzlich für dieses kleine Wesen verantwortlich und das brachte mich zum Nachdenken.
Meine Tochter wurde älter, ich hatte wieder mehr Zeit für mich selbst. Und mir fehlte es zunehmend, mich kreativ auszuleben. Meinen Kopf mit etwas anderem zu beschäftigen, als rechtzeitig den Wocheneinkauf zu erledigen und die Wäsche zu waschen.
Doch ich wollte auch weiterhin so viel Zeit wie möglich mit meinem Kind ver-

bringen. Ich hatte gesehen, wie schnell sie wächst und sich verändert. Das wollte ich auf keinen Fall verpassen!

Zudem kannte ich es aus meiner eigenen Kindheit, dass nie genug Geld da war, und wollte das meiner Tochter gerne ersparen. Sie sollte freier und sorgloser aufwachsen, als mir das möglich gewesen war.

Doch wie sollte all das mit einem klassischen Angestelltenjob möglich sein? Und was mache ich, wenn sie mal krank ist? Ich traf eine zutiefst persönliche Entscheidung. Für mich war es keine Option, auf den üblichen Weg zurückzugehen. Ich wollte mich nicht weiter anpassen, sondern endlich meinem Herzen folgen.

Ich wusste zu dem Zeitpunkt nur noch nicht, wie.

Eine Online-Selbstständigkeit muss her

Im Zentrum stand also meine Tochter und mein großer Wunsch nach Selbstbestimmung. Und wenn ich schon dabei bin, meine Träume zu verwirklichen, dann vielleicht auch den einer Weltreise? Mir blieb eigentlich nur eines: eine Selbstständigkeit. Und zwar online, sonst wird das mit der Reise nichts.

Doch wie verdient man eigentlich online Geld? Auf diese Frage hatte ich keine Antwort. Da war nur der unbedingte Wunsch, es zu schaffen. Und wenn wir etwas wirklich wollen, dann können wir Berge versetzen.

Also habe ich einfach mal meine Fühler ausgestreckt. Es gab eine Familie, der ich schon länger auf Instagram folgte. Sie lebten zu dem Zeitpunkt in einer schönen Villa in Spanien und das innere Kind in mir, das nie viel Geld gekannt hatte, schaute mit großen Augen auf ihren Lebensstil.

Ob so etwas auch für mich möglich ist?

Ich glaube, dass alles im Leben einen Sinn hat. Dass wir geführt werden, wenn wir bereit sind, zu vertrauen. Und so fügte es sich für mich auf fast magische Weise. Genau diese Familie bot Ende 2020 für knapp 50 € einen kleinen Kurs zur Findung der eigenen Business-Idee an. Sie hatten sich mit einer eigenen Firma alles selbst erarbeitet und wollten diese Chance auch anderen bieten. Eine Inspiration für mich und das Zeichen, auf das ich gewartet hatte. Neues Jahr, neues Glück - oder wie sagt man so schön?
Außerdem war der Preis machbar und die Hemmschwelle damit nicht so groß; obwohl 50 € für mich damals trotzdem noch viel waren und ein Wagnis darstell-

ten. Ich wusste ja nicht, ob diese Investition wirklich etwas bringen würde.

Heute schmunzele ich bei dem Gedanken daran, wenn ich darüber nachdenke, was ich ein Jahr später investiert habe...

Der Kurs war zum Glück die richtige Entscheidung und eine tolle Möglichkeit, vorsichtig meine ersten Gehversuche in Richtung Selbstständigkeit zu starten.

Ich will dich gar nicht mit den Details zu dieser Gruppe langweilen. Du musst eigentlich nur wissen, dass ich dadurch auf die Idee kam, mit dem Schreiben von Texten mein Geld zu verdienen. So weit, so gut.

Meine Anfänge bei Textbroker

Jetzt hatte ich zwar eine grobe Idee, aber immer noch keine Ahnung, wie ich damit denn nun genau Geld verdienen könnte. Mir war als Mama nur wichtig, dass es möglichst flexibel ist.
Ich habe die Frage, die mir im Kopf schwirrte, wie ich mit Schreiben Geld verdienen kann, einfach mal im Internet recherchiert. Dadurch landete ich auf der Seite von Textbroker und meldete mich direkt an.

Flexibilität habe ich da auch gefunden. Denn wann du die Texte schreibst, bleibt vollständig dir überlassen. Du suchst dir einfach ein Thema aus, bekommst ein paar Vorgaben und natürlich den Abgabetermin. Das hat es mir ermöglicht, mir meine Schreibzeit frei einzuteilen.
Punkt eins meiner Wunschliste wurde also erfüllt. Ich schrieb, wenn meine Tochter schlief oder bei der Oma war.

Eine Zeit lang war ich damit auch zufrieden. Ich erhielt einen ersten Eindruck von der Tätigkeit als Texterin und konnte für mich bestätigen, wie viel Spaß mir das macht.

Langfristig war diese Plattform allerdings keine Lösung. Von dem Geld, welches ich dort verdiente, würde ich nicht leben und schon gar nicht reisen können.
Es gab nur selten Themen, die mich interessierten. Und außerdem werden alle Rechte an den Texten abgegeben, also mein Name nie erwähnt. Als Einstieg in das Thema und zum Üben super, dauerhaft für mich keine Lösung.
Das musste doch auch irgendwie anders gehen!

Der Start in die Selbstständigkeit als virtuelle Assistentin

Also wieder auf Anfang und erneut die Fühler ausstrecken. Dieses Mal wusste ich zwar schon besser über das „Was“ Bescheid, jedoch immer noch nicht „Wie“. Auch dieses Mal bekam ich durch Instagram den entscheidenden Tipp.

Mein großer Traum zu reisen hatte dazu geführt, dass ich noch vielen anderen Familien folgte, die genau das bereits taten. Und die habe ich dann einfach mal gefragt, womit sie denn ihr Geld verdienen. Es gab vor allem zwei Arten von Antworten: Empfehlungsmarketing und virtuelle Assistentin.

Da mir Empfehlungsmarketing etwas suspekt war, blieb nur noch die zweite Option.

Aber was ist denn jetzt schon wieder eine virtuelle Assistentin? Ich konnte mir absolut nichts darunter vorstellen.

Also habe ich mal wieder im Internet recherchiert und landete auf der Website einer Mentorin für virtuelle Assistentinnen.

Das war im August 2021.

Und wieder fügte sich alles auf magische Weise. Eine kurz darauf startende VA-Challenge war mein Zeichen.
Und auf dieser Seite fand ich dann auch endlich heraus, was eine virtuelle Assistentin ist. Nämlich jemand, der Unternehmen online mit der eigenen Expertise unterstützt. Aha!

Da die Challenge kostenlos ist, hatte ich nicht viel zu verlieren und meldete mich erneut einfach mal an. Die positive Energie in den Live-Videos riss mich von Anfang mit. Da virtuelle Assistentinnen auch das Schreiben von Texten anbieten können und ein Stundensatz von 50 € für mich wie ein Lottogewinn klang, stand für mich nach diesen vier Tagen fest, dass ich virtuelle Assistentin werden will.

Bin ich mutig genug, den Sprung zu wagen?
Am Ende der Challenge wusste ich nicht nur, dass ich virtuelle Assistentin werden will, sondern ich wusste auch, wie das am schnellsten möglich wäre: mit dem angebotenen Kurs. Dieser schien nämlich alles zu enthalten, was es für den Anfang so braucht. Das Ganze sollte allerdings 800 € kosten. Und damit war das Thema für mich erst einmal erledigt, denn so viel Geld konnte ich unmöglich aufbringen.

Doch der Kurs und die damit verbundenen Möglichkeiten ließen mich einfach nicht los. Ich schwankte hin und her. Sollte ich es wagen? Alles auf eine Karte setzen? Ich grübelte und grübelte.

Die Entscheidung fiel mir alles andere als leicht. Und wieder bekam ich ein Zeichen. Meine Oma, mit der ich wenig Kontakt habe, schenkte mir plötzlich Geld. Das hat sie davor und danach nie wieder getan. Nur dieses eine Mal. Also beschloss ich, das Risiko einzugehen. Es fühlte sich an wie der Sprung von einer Klippe. Noch nicht wissend, ob ich einen Fallschirm dabeihabe oder gleich schonungslos aufschlage.

Und los geht's

Der Laptop, den ich auch noch unbedingt brauchte, ließ sich zum Glück auf Raten kaufen. Sobald ich den hatte, begann ich damit, mich durch den umfangreichen Kurs zu arbeiten.

Dazu gehörte auch die Anmeldung eines Gewerbes. Das tat ich im Oktober und damit war es offiziell: Ich bin jetzt Unternehmerin. Ein seltsames Gefühl; insbesondere, da ich noch immer nicht wusste, ob es wirklich funktionieren würde. Meine Angst, dass ich scheitern könnte, war groß.

Ich meldete mich auf verschiedenen Social Media-Kanälen an und erstellte meine Website. Mit dem Start des neuen Jahres wollte ich dann anfangen, Kunden zu gewinnen. In dem Glauben, dass dies ganz einfach werden und ich durch die Website automatisch Kunden generieren würde.

Utopisch, wie ich heute weiß. Denn auch ich startete mit dem sprichwörtlichen Bauchladen, hatte ein breites Angebot und wusste selbst nicht so genau, was ich denn eigentlich will. Ich sprach alle und niemanden an.

Allerdings bereue ich diese Erfahrung nicht. Denn ich hatte damals zwei Optionen: abwarten, bis alles perfekt ist und vielleicht nie losgehen, oder einfach mal anfangen und schauen, was passiert.

Ich entschied mich für letztere Option und nur so habe ich schließlich zu meinem heutigen Angebot gefunden. Mein Weg entstand wortwörtlich beim Gehen. Ich musste den Fuß in die Luft setzen, in absoluter Ungewissheit, und erst kurz bevor er den Boden erreichte, entstand wieder ein weiteres Stück des Weges.

Diese erste Zeit war hart. Denn so einfach, wie ich gedacht hatte, war es ganz und gar nicht. Es dauerte vier Monate, bis ich meine erste Kundin über Facebook gewinnen konnte. Vier Monate voller Zweifel und der Angst, dass alles umsonst war. Doch anstatt aufzugeben, habe ich die Zeit genutzt, um mein Angebot und meine Positionierung immer weiter zu verfeinern.

Das Thema Sichtbarkeit

Es dauerte weitere zwei Monate, bis ich etwas Entscheidendes begriff. Ich war zwar seit einem halben Jahr fleißig dabei, auf den verschiedenen Kanälen Posts zu veröffentlichen, aber nicht wirklich sichtbar.

Meine eigene Unsicherheit stand mir im Weg. In dem Glauben, nicht wirklich etwas zu können, sprach ich weder über mein Angebot noch über meine Expertise. Ein fataler Fehler.

Denn schon nach kurzer Zeit, als ich mich gerade an das regelmäßige Einkommen gewöhnt hatte, geriet meine erste und einzige Kundin in finanzielle Schwierigkeiten. Dadurch musste sie unsere Zusammenarbeit schweren Herzens beenden.
Ich war am Boden zerstört. Schon wieder bei Null.

Im Juli 2022 hatte ich kein Einkommen und war völlig verzweifelt. Wie sollte es weitergehen?
Ich begann damit, über meine Expertise zu schreiben, und auch mein Angebot zu zeigen; so schwer mir das auch fiel. Und siehe da, im August, nach einem Monat ohne Einnahmen, kam eine Kundin auf mich zu, die sich von meinen Beiträgen auf LinkedIn angesprochen fühlte.

Dieser Moment war unbeschreiblich und machte mich sehr glücklich. Denn zum ersten Mal kam jemand von sich aus auf mich zu. Ich musste also irgendetwas richtig gemacht haben.

Die große Liebe zu LinkedIn

Instagram fühlte sich zunehmend falsch an. Storys fielen mir schwer und ich war eigentlich nur damit beschäftigt, Fake-Follower zu entfernen. An Reels, die eigentlich unerlässlich sind, wollte ich gar nicht erst denken.

Auf LinkedIn war das alles nicht nötig. Eine Plattform, die ich vor einem halben Jahr noch gar nicht gekannt hatte. Dort war es möglich, auch einfach mal nur einen Text zu veröffentlichen, ohne dass es meiner Reichweite schadete. Und nachdem ich dadurch eine Kundin gewonnen hatte, war meine Leidenschaft für diese Plattform entfacht.

Ich hatte Freude daran, mich immer intensiver mit LinkedIn auseinanderzusetzen. Mein Wissen wurde stetig größer und damit auch der Wunsch, ich hätte das Potenzial dieser Plattform viel früher entdeckt.

Für mich war es zu spät, ich war den Umweg gegangen. Hatte erst feststellen müssen, dass Instagram nichts für mich ist, bevor ich die Vorteile von LinkedIn erkannte. Für andere war es jedoch noch nicht zu spät. Ich wollte unbedingt anderen Selbstständigen zeigen, wie viel LinkedIn zu bieten hat.

Also investierte ich erneut in einen Kurs, der mir all mein erworbenes Wissen und auch viel Neues kompakt zusammenfasste.
Wieder ging es auf das Ende eines Jahres zu, dieses Mal 2022. Und wieder stand ich davor, etwas Entscheidendes zu verändern.

Meine Hochsensibilität2022 war aber auch noch in ganz anderer Hinsicht ein Wendepunkt in meinem Leben. Ich bin nicht nur richtig in die Selbstständigkeit gestartet, ich habe auch endlich etwas sehr Wichtiges über mich selbst erfahren. Vielleicht erinnerst du dich an meine ersten Sätze. Mein Leben lang begleitete mich das Gefühl, anders zu sein. Warum das so ist, erfuhr ich im März 2022 durch Zufall.

Ich führte ein Erstgespräch mit einer Interessentin. Es entstand zwar keine Zusammenarbeit, was sie jedoch nebenbei erwähnte, veränderte mein gesamtes Leben. Sie ging nämlich regelmäßig zu einem Stammtisch für Hochsensible.

Hochsensibilität? Was ist das denn? Ich hatte auch hiervon noch nie etwas gehört. Der Begriff war mir völlig fremd und meine Neugier geweckt. Was ich dann herausfand, hat mir die Augen geöffnet. Denn mir wurde klar, dass auch ich hochsensibel bin und dies die Antwort auf so viele Fragen war. Auch darauf, was an mir denn immer anders gewesen war.

Hochsensibilität ist ein sehr komplexes Thema. Hier detailliert darauf einzugehen, würde den Rahmen sprengen. Nur so viel: Es handelt sich dabei um ein Persönlichkeitsmerkmal. Wir nehmen manches intensiver wahr. Bei mir sind das zum Beispiel sensorische Reize wie laute Geräusche oder auch starke Gerüche. Ich bin zudem sehr empathisch und fühle mich der Natur stark verbunden. Im Wald tanke ich Kraft, ich kann dort förmlich spüren, wie meine Batterien aufladen.

Falls du dich dafür interessierst, recherchiere gerne selbst mal. Vielleicht bist auch du hochsensibel und wusstest es bisher nicht?

Dazu kommt noch, dass ich introvertiert bin. Auch das war mir vorher nicht so richtig klar. Diese Eigenschaft trifft auf die meisten hochsensiblen Personen zu. Und deswegen war es mir auch immer so schwergefallen, auf andere zuzugehen.

Ich verstand etwas sehr Wichtiges: Du wirst dich nur als Außenseiterin fühlen, solange du noch von den für dich falschen Menschen umgeben bist. Das ändert sich, sobald du die Menschen gefunden hast, die zu dir passen. Mit denen du auf einer Wellenlänge bist und ähnliche Interessen teilst. An dir ist nichts falsch.

Du kannst dir vielleicht vorstellen, dass ich Feuer und Flamme für dieses Thema war. Ich wollte unbedingt mehr darüber, mehr über mich erfahren.

Und so gab es Ende 2022 drei Dinge, die mich begeisterten: LinkedIn, Hochsensibilität und das Schreiben von Texten.

Ich beschloss, Instagram den Laufpass zu geben. Ohnehin hatte ich mich dort nie wohlgefühlt und wollte mich in nächster Zeit auf meine Lieblingsplattform fokussieren. Ich spezialisierte mich auf das Schreiben von LinkedIn-Beiträgen, insbesondere für hochsensible Selbstständige. Bäm! Das fühlte sich an wie ein Durchbruch. Ich hatte endlich meine Zielgruppe gefunden.

Damit wollte ich anderen selbstständigen Frauen eine leise Art der Sichtbarkeit bieten. All denen, die sich, wie ich damals, mit Instagram nicht wohlfühlten und auf der Suche nach einer Alternative waren.

Auf LinkedIn ist es möglich, sichtbar zu sein, ohne sich zu verstellen. Du darfst und sollst ganz du selbst sein. Außerdem ist die Hürde meiner Meinung nach kleiner. Denn mit dem richtigen Netzwerk bleibst du von Spam und blöden Kommentaren größtenteils verschont.
Eher das Gegenteil ist der Fall, du wirst inspiriert und erfährst wertschätzenden Austausch. Noch dazu hast du die einmalige Möglichkeit, selbst auf deine Zielgruppe zuzugehen. Du musst nicht erst darauf warten, dass sie dir folgen. Du kannst potenzielle Kunden aktiv in dein Netzwerk einladen.

Mein Tiefpunkt
Anfang 2023 schien alles gut. Ich hatte bereits seit Monaten ein, wenn auch

kleines, so doch immerhin vorhandenes Einkommen. Jetzt musste ich dieses nur noch ausbauen. Dachte ich.

Hätte ich mir damit mal besser nicht so viel Zeit gelassen. Denn als meine Kundin, mit der ich seit August zusammenarbeite und die mal wieder meine einzige war, schwer erkrankte und unsere Zusammenarbeit immer weiter reduzierte, bis sie diese schließlich beendete, stand ich ein weiteres Mal erneut bei null. Ich konnte sie gut verstehen und machte ihr keinen Vorwurf. Mir dafür umso mehr.

Was jetzt? Ich hatte zu lange gewartet und meine Zukunft war erneut ungewiss. Aber den Start meiner Reise hatte ich schon geplant.

Bis zum Sommer kamen noch genügend Aufträge rein, um die Höhe des bisherigen Einkommens zu halten. Ich fühlte mich nicht wohl damit, nahm es aber erst einmal so hin.
Vielleicht würde es ja funktionieren? Vielleicht würden genügend Aufträge reinkommen?

Oder sollte ich anfangen, Personen von mir aus anzuschreiben? Aber wie mache ich das und wen schreibe ich an? Dazu kamen meine Selbstzweifel. Ich war nicht von meinem Können überzeugt. Zumindest nicht genug, um andere von mir aus anzuschreiben.
(Dafür gibt es übrigens einen Namen: Impostor-Syndrom. Google auch das gerne mal, wenn dir meine Zweifel bekannt vorkommen.)

Und so erwischte mich mal wieder das sogenannte Sommerloch. Die Menschen sind im Urlaub, es kamen keine Aufträge mehr rein, mein Einkommen versiegte. Im Juli war ich noch relativ entspannt, immerhin war es mir im letzten Jahr bereits so ergangen. Und danach wurde durch die neue Kundin alles gut.
Als dann aber auch der August verging, wurde ich immer panischer. Der Druck von außen wurde durch mein fehlendes Einkommen immer größer. Immerhin liefen die Rechnungen weiter.

Ich musste nun über meinen Schatten springen und auf die Menschen zugehen. Denn sonst wäre mein Traum geplatzt. Doch wie?

Diese Zeit würde ich als Tiefpunkt meiner bisherigen Selbstständigkeit beschreiben. Nicht nur finanziell, sondern auch mental. Ich stellte alles infrage und die Zweifel drohten überhandzunehmen. Ob ein Angestelltenjob doch die bessere Alternative wäre? Ich sah mich bereits unglücklich in einem Büro sitzen. Nein!

Ich will diese Selbstständigkeit unbedingt.
Vertraue dem Leben. Es ist immer für dich.
„Am Ende wird alles gut sein. Wenn es nicht gut ist, ist es nicht das Ende." Oscar Wilde

Meine Verzweiflung erreichte ihren Höhepunkt. Ich schlief schlecht, machte mir Vorwürfe und wusste einfach nicht weiter. Das war keine schöne Zeit. Doch als ich dachte, den Druck nicht mehr auszuhalten, ging es ganz plötzlich wieder bergauf.

„Wenn du glaubst, es geht nicht mehr, kommt von irgendwo ein Lichtlein her."
Oder in meinem Fall: eine Kundin.

Mein Hilferuf wurde vom Universum nicht ignoriert. Es war kaum eine Woche später, da bekam ich eine erste Kundin über eine Kollegin vermittelt.
Aufatmen, es geht weiter. Meine Selbstständigkeit ist doch nicht zum Scheitern verurteilt. Und gleichzeitig habe ich mich darüber geärgert, dass ich nicht im Vertrauen geblieben bin.
Es kam sogar noch besser. Plötzlich meldete sich eine weitere Kollegin bei mir, mit der ich sporadisch Kontakt hielt. Sie hatte auch einen Auftrag für mich. Damit war ich auf einmal über dem Einkommen, dass ich vor dem Ausfall gehabt hatte. Es glich sich also aus. Wie übrigens auch im Jahr zuvor.

Das ist etwas, was ich dir unbedingt mitgeben möchte. Schau als Selbstständige nicht auf die einzelnen Monate, wie du es vielleicht von einem Gehaltscheck gewohnt bist. Wenn du schon rechnen willst, dann lieber am Ende des Jahres. Ein Monat mit wenig bis kein Einkommen kann immer noch durch einen einkommensstarken Monat ausgeglichen werden. Verliere also nicht gleich die Hoffnung und mach weiter.

Auch für mein größtes Problem, die aktive Kundengewinnung, erhielt ich Hilfe. Durch eine Kooperation, also den Austausch unserer Dienstleistungen, bekam ich das dringend benötigte Mentoring.

Vielleicht fragst du dich jetzt: Ist dies das am Ende übliche Happy End? Nun, das Leben ist ein stetiges Auf und Ab. Die Selbstständigkeit spiegelt das nur wider. In einem Moment bist du tief verzweifelt, im nächsten könntest du vor Glück platzen.
Eine Selbstständigkeit kann nur funktionieren, wenn du bereit bist, dich deinen Themen und Blockaden zu stellen.

Momentan geht es mir gut. Es geht bergauf. Und sollte ich zukünftig wieder in einem Tal ankommen, werde ich hoffentlich auch den Berg vor mir erahnen. Selbst wenn er sich noch im Nebel verstecken sollte. Ich werde daran arbeiten, dieses tiefe Vertrauen zu haben, dass es immer irgendwie weitergeht. Also ja, du kannst es als Happy End sehen, sofern du dich bewusst dazu entscheidest, das Leben als solches zu sehen.

Denn das ist es eigentlich. Dein Leben – deine Entscheidung. Du triffst immer die Wahl über den Blickwinkel.
Wie möchtest du eine Situation sehen? Wenn wir es schaffen, schwierige Momente als Lehrmeister zu betrachten, dann wiegen sie nur noch halb so viel. Dann ist es uns möglich, eine innere Zufriedenheit zu erlangen. Die daraus entsteht, dass wir dem Leben vertrauen. Genau das darf ich durch die Selbstständigkeit so intensiv erfahren wie nie zuvor.

Und noch eines möchte ich dir gerne mit auf den Weg geben. Im Leben geht es nicht darum, von Anfang an alles zu haben. Es geht darum, von Anfang an alles aus dem zu machen, was du hast.

Ich wünsche dir, dass du den Mut findest, für deine Träume loszugehen und an ihnen festzuhalten, auch wenn es nicht immer einfach ist. Dass du erkennst, welch besonderer Mensch du bist. Du bist gut genug. Du bist richtig, genauso wie du bist. Du bist wertvoll und hast dieser Welt etwas zu geben. Vergiss das nie.

Für mich startete im April 2024 mein bisher größtes Abenteuer. Ich habe Deutschland zusammen mit meiner Tochter verlassen und wir befinden uns nun auf der Suche nach unserem Seelenort.

Ich bin also gerade dabei, mir meinen zweiten großen Traum zu erfüllen und ihn in die Tat umzusetzen.

Ist das Leben nicht aufregend?

Alles Liebe
deine Anja

RENATE WINKLER

BERATERIN FÜR GESUNDE TIERNAHRUNG

© Foto:Renate Winkler

Die Corona-Pandemie führte mir vor Augen, dass ich mit 53 Jahren aus dem Hamsterrad des Angestelltendaseins aussteigen möchte. Dank eines guten Freundes entdeckte ich das Empfehlungsmarketing und begann meine beeindruckende Persönlichkeitsentwicklung. Mit Kosmetik-Artikeln begann ich neben meiner Teilzeitstelle meine Selbständigkeit ohne großes Risiko aufzubauen. Nach einem Jahr erweiterte ich meine Tätigkeit mit Bio-Kaffee und baute mir in LinkedIn ein Netzwerk auf. Nach einem schweren Reitunfall änderte sich schlagartig alles. Ich musste von Grund auf neu beginnen und mein neues Empfehlungsmarketing mit artgerechter Tiernahrung erneut aufbauen – dieses Mal mit noch mehr Leidenschaft und Herzblut. Heute ist es mein absolutes Herzensbusiness. Ganz nach dem Motto: Wenn du heute aufgibst, wirst du nie wissen, ob du es morgen geschafft hättest.

Mehr über mich und meine Arbeit unter
https://renates-futternapf.de/

Erfolg aus Leidenschaft: Meine Geschichte über die Gründung meines Herzensbusiness

von Renate Winkler

Mein Job hatte mich fest im Griff. Es war, als ob er mich jeden Morgen um halb sechs aus dem Bett schubste und in einen Strudel aus Hektik und Stress zog. Seit meiner Rückkehr aus der Elternzeit 1994 hatte ich das Gefühl, dass ich keine freie Minute mehr hatte. Meine tägliche Routine sah immer gleich aus: Ich stand schnell auf, weckte meine Tochter und machte sie für den Kindergarten (später für die Schule) fertig. Anschließend frühstückten wir kurz und hetzten dann zum Kindergarten, um rechtzeitig den Zug zu erreichen - alles im Eiltempo.

Als Projektassistentin in einem großen Unternehmen in München saß ich den ganzen Tag an meinem Schreibtisch und arbeitete mich durch unzählige Aufgaben und Projekte. Ich hatte das Gefühl, dass ich nie genug Zeit hatte, um alles zu erledigen, was von mir erwartet wurde. Die Stunden vergingen wie im Flug und schon war es wieder Zeit, nach Hause zu fahren; meist gegen halb vier Uhr am Nachmittag.

Doch auch nach Feierabend kehrte noch keine Ruhe ein. Meine Tochter wartete schon auf mich, es gab viel zu erzählen. Arzttermine und Freizeitaktivitäten organisieren, „Mama-Taxi" spielen und vieles mehr. Es fühlte sich an, als ob ich nie eine Pause hatte.

Dieser Ablauf wiederholte sich Woche für Woche ohne Abweichungen oder Unterbrechungen – ein Leben wie von einem Drehbuch geschrieben! Ich funktionierte für meine Familie, meinen Chef, meine Kollegen, wobei ich völlig meine eigenen Bedürfnisse vernachlässigte. Diese Entwicklung fiel mir zu dieser Zeit jedoch nicht bewusst auf.

Die Pandemie hat unser Leben auf den Kopf gestellt und uns in eine neue Realität katapultiert. Plötzlich waren wir gezwungen, uns an eine Situation anzupassen, die wir uns nie hätten vorstellen können. Die Arbeitswelt wurde besonders stark von den Auswirkungen der Pandemie getroffen. Unternehmen mussten schnell reagieren und Maßnahmen ergreifen, um ihre Mitarbeiter zu schützen und den Betrieb aufrechtzuerhalten.

Auch ich war davon betroffen und wurde unerwartet ins Homeoffice geschickt. Ohne Vorwarnung und ohne Vorbereitung musste ich meinen Arbeitsplatz zu Hause einrichten und mich auf einen neuen Arbeitsablauf einstellen. Anfangs dachte ich, dass dies nur vorübergehend sein würde und wir bald wieder in unser gewohntes Arbeitsumfeld zurückkehren könnten. Doch die Pandemie hatte andere Pläne.

Die Tage vergingen und aus Wochen wurden Monate. Die Arbeit im Homeoffice wurde zur neuen Normalität. Meetings fanden online statt, der Austausch mit Kollegen erfolgte über Videokonferenzen und E-Mails. Der Alltag hatte sich komplett verändert und ich musste mich an eine neue Arbeitsweise gewöhnen.

Trotz der Herausforderungen, die die Pandemie mit sich brachte, gab es auch positive Aspekte. Ich konnte meine Arbeitszeit flexibler gestalten und hatte mehr Zeit für meine Familie. Auch der tägliche Arbeitsweg fiel weg, was mir Zeit und Stress ersparte. Die Arbeit im Homeoffice war eine neue Erfahrung, die ich so nicht erwartet hatte, aber die ich letztendlich als bereichernd empfand.

Ich hatte Glück, da ich bereits im Januar (als hätte ich was geahnt) mein Arbeitszimmer renoviert habe. Ich stattete es unter anderem mit einem höhenverstellbaren Tisch und einer guten Beleuchtung aus. Das ermöglichte mir ein bequemes und produktives Arbeiten von zu Hause. Jedoch war das noch nicht alles! Mein Arbeitgeber stellte mir einen Laptop samt Dockingstation und zwei Monitoren zur Verfügung. Somit erreichte ich fast den gleichen Standard wie im Büro.

Obwohl es eine Umstellung war, ohne persönlichen Kontakt mit meinen Kolleginnen und Kollegen, gewöhnte ich mich an die neue Art zu arbeiten. Ich konnte meine Arbeit in Ruhe erledigen und mich vollständig auf meine Aufgaben konzentrieren. Die Zeitersparnis durch den Wegfall des täglichen Pendelns war enorm. Ich konnte meine Arbeitszeit flexibler gestalten und hatte dadurch mehr Zeit für mich, meine Familie und Freunde.

Endlich konnte ich wieder regelmäßig Nordic Walken gehen oder auch nur ein gutes Buch lesen, ohne mich um den Arbeitsweg sorgen zu müssen. Das gab mir nicht nur ein besseres Körpergefühl, sondern auch mehr Energie für den Rest des Tages. Mein Tagesablauf wurde deutlich stressfreier. Das gab mir ein

Gefühl der Freiheit und Unabhängigkeit, welches ich schon lange nicht mehr verspürt hatte.

Bereits nach kurzer Zeit begann mein Team in den täglichen Videokonferenzen darüber zu diskutieren, welche Aspekte bei der Rückkehr in den „normalen" Büroalltag vor Ort berücksichtigt werden sollten. Diese Diskussion löste ein sehr unangenehmes Gefühl in mir aus. Eine Rückkehr in das Hamsterrad des Angestelltenverhältnisses war für mich keine Option.

Meine Zukunft soll selbstbestimmt sein! Wie kann dieser Traum Realität werden?

Ich war auf der Suche nach Veränderung, doch ich hatte keine Ahnung, wo ich anfangen sollte. Bis ich Tom traf. Er erzählte mir von einer Möglichkeit, die ich bisher noch nicht in Betracht gezogen hatte: Empfehlungsmarketing für frische Kosmetikprodukte. Ich war sofort fasziniert von der Idee, meine eigene Selbstständigkeit aufzubauen und dabei auch etwas Gutes für die Umwelt zu tun. Tom erklärte mir, dass ich meine Teilzeitbeschäftigung weiterhin ausüben konnte, während ich mich in aller Ruhe auf den Aufbau meines neuen Geschäfts konzentrierte. Das klang für mich nach einer perfekten Möglichkeit, ohne allzu großes Risiko den Schritt in die Selbstständigkeit zu wagen. Natürlich hatte ich Bedenken. Ich hatte keinerlei Erfahrung oder Wissen darüber, wie man ein solches Geschäft aufbaut. Doch ich ließ mich nicht entmutigen. Ich beschloss, das Risiko einzugehen und mich auf das Abenteuer einzulassen. Schließlich hatte ich nichts zu verlieren.

Tom gewann mich als Partnerin für sein Team. Er brachte mir alles bei, was ich über die Gewinnung von Kunden wissen musste. Seine Schritt-für-Schritt-Anleitung war genau das, was ich gebraucht hatte, um meine Fähigkeiten zu verbessern. Wir organisierten regelmäßig Online-Produktvorstellungen und wenn es die Pandemiebestimmungen erlaubten, veranstalteten wir auch Live-Events. Ich war erstaunt, wie schnell ich erfolgreich wurde. Zu Beginn fiel es mir sehr schwer vor der Kamera oder dem Publikum über Produkte zu sprechen - doch mit jeder Veranstaltung wurde dies leichter für mich! Dies ermöglichte nicht nur eine persönliche Weiterentwicklung, sondern förderte auch das Potenzial in meiner Person.

Es war nicht immer einfach, aus meiner Komfortzone herauszukommen, aber es war es wert. Ich fühlte mich angespornt und begeistert von der Arbeit, der ich nachging. Wir waren immer auf der Suche nach neuen Wegen, um unsere Kunden zu begeistern und zu gewinnen.

Ich war stolz auf das, was wir erreicht hatten. Unsere harte Arbeit und unser Engagement hatten sich ausgezahlt. Ich hatte nicht nur neue Fähigkeiten erworben, sondern auch eine Leidenschaft für das Empfehlungsmarketing entdeckt. Tom und sein Team hatten mir gezeigt, dass ich alles erreichen konnte, was ich wollte, wenn ich hart arbeitete und an mich selbst glaubte.

Da die Pandemie unser Leben weiterhin beeinflusste, arbeitete ich vorerst weiter im Homeoffice. Nach meinem Arbeitstag als Projektassistentin gegen 15 Uhr konnte ich nachmittags bis abends mit Interessenten über unsere Frischekosmetik sprechen. Das Team bei Tom wuchs stetig an und wir hatten sowohl Online-Firmenschulungen als auch erfolgreiche Produktpräsentationen durchgeführt.

Als ich im März 2021 die Chance bekam, Partner für Bio-Kaffee zu werden, war ich sofort begeistert. Die Idee von Kaffee in kompostierbaren Kapseln und passenden Maschinen zu vermarkten, war für mich faszinierend. Ich konnte mir sofort vorstellen, wie groß das Potenzial dieser Produkte war. Es stellte für mich eine weitere Chance dar.Ich hatte bereits in meinem Frischekosmetik-Empfehlungsmarketing Erfahrung sammeln können und wusste daher, dass ich die Fähigkeiten und das Wissen hatte, auch hier erfolgreich zu sein.

Ich war begeistert von der Idee, da ich wusste, dass dies ein wachsender Trend in der Kaffeewelt war. Immer mehr Menschen achten auf Nachhaltigkeit und Umweltfreundlichkeit und ich war davon überzeugt, dass ich mit diesem Produkt genau den Nerv treffen würde.

Weiterhin bestand auch die Möglichkeit, passende Kaffeemaschinen zur Vermarktung anzubieten. Ich wusste, dass dies ein wichtiger Faktor für den Erfolg dieses Business war, da viele Menschen auf der Suche nach einer einfachen und bequemen Möglichkeit sind, ihren Kaffee zu Hause zuzubereiten.

Nun hatte ich zwei Empfehlungsmarketings, die Frischekosmetik, wo die Kundengewinnung über Face to Face lief. Für das Bio Kaffee-Geschäft entschied ich mich für eine Kundengewinnung über Social Media.

Als ich mich auf den Weg machte, um meine Marke bekannt zu machen, war ich mir sicher, dass ich auf dem richtigen Weg war. Ich hatte bereits viel über die Vorteile von Social Media Marketing gehört und wusste, dass ich meine Zielgruppe auf diese Weise am besten erreichen konnte. Ich wollte meine Botschaft an die Menschen bringen, die sich für Bio-Kaffee interessierten.

Nach einer gründlichen Online-Recherche entschied ich mich für LinkedIn als Plattform. Ich war überzeugt davon, dass ich hier die richtigen Menschen ansprechen würde, die an meinem Bio-Kaffee interessiert waren. LinkedIn ist eine Plattform für Geschäftsleute und Fachleute, die sich vernetzen und ihr Wissen teilen möchten. Hier konnte ich meine Marke präsentieren und mit den Menschen in Kontakt treten, die sich für meine Produkte interessierten.

Ich musste meine Marke als etwas Besonderes präsentieren, das die Menschen begeistern würde. Ich musste zeigen, dass ich eine Expertin auf meinem Gebiet war und die besten Produkte auf dem Markt hatte. Auch musste ich zeigen, dass ich ein Unternehmen mit einer Mission war, das sich für Nachhaltigkeit und Umweltschutz einsetzte. Ich wusste, dass ich auf LinkedIn eine überzeugende Tonalität brauchte, um meine Zielgruppe anzusprechen. Doch wie sollte ich das umsetzen?

Eines Tages erhielt ich via Messenger eine Nachricht von einem jungen Unternehmer, der mir ein Angebot unterbreitete, das mich zunächst sehr neugierig machte. Er versprach, Kontakte und potenzielle Kunden für mich über LinkedIn zu gewinnen. Ich war begeistert von der Idee, meine Reichweite zu erhöhen und neue Kunden und sogar Geschäftspartner zu gewinnen, und so entschied ich mich schließlich dazu, sein Angebot anzunehmen.

Doch bald stellte sich heraus, dass diese Entscheidung eine kostspielige Angelegenheit werden würde. Obwohl er sein Bestes gab, hatte er kaum Erfahrung in Sachen Kundengewinnung mit LinkedIn. Ich hatte die erste große Investition im Bereich Empfehlungsmarketing zu verbuchen - und ich war mir nicht sicher, ob sie sich auf Dauer auszahlen würde.

Doch trotz dieser anfänglichen Schwierigkeiten gab ich nicht auf. Ich wusste, dass LinkedIn eine mächtige Plattform ist, um neue Kontakte zu knüpfen und Geschäftsbeziehungen aufzubauen. Und ich wusste auch, dass ich die richtigen Werkzeuge und Strategien brauchte, um erfolgreich zu sein.

Ich hatte noch keine richtige Strategie, meine Sichtbarkeit auf LinkedIn zu stärken. Doch als ich meine Vorgehensweise änderte und begann, über meinen Kaffee zu schreiben, eröffneten sich plötzlich neue Möglichkeiten. Ich merkte schnell, dass ich mit ansprechenden Posts mit Mehrwert tatsächlich Interessenten anziehen konnte. Doch das war erst der Anfang. Einer meiner Kontakte empfahl mir, eine Expertin für LinkedIn zu kontaktieren. Gesagt, getan - und schon bald hatte ich den Kurs "Kunden anziehen mit LinkedIn" gebucht. Die Investition hat sich mehr als gelohnt. Wir haben mein Profil aufgepeppt und ich habe gelernt, wie ich noch ansprechendere Beiträge schreiben kann. Ich gewann immer mehr Kunden und meine Kontakte erhöhten sich stetig.

Ich kann nur jedem empfehlen, in seine Unternehmen zu investieren. Es lohnt sich wirklich, denn die Erfolge stellen sich ein. Dank der Expertin, die mir geholfen hat, konnte ich meine Sichtbarkeit auf LinkedIn deutlich stärken und neue Kunden gewinnen.

Alles lief hervorragend – in meinem Beruf und auch in meinen beiden Empfehlungsmarketings lief es wie geschmiert. Ich machte einen Höhenflug. Dann hatte ich einen schweren Reitunfall, der mein Leben schlagartig veränderte! Dieser Reitunfall hatte mich aus der Bahn geworfen und ich musste mich mit einer schweren Verletzung auseinandersetzen - da war das ganze Business auf einmal Nebensache. Ich war optimistisch und dachte, dass ich schnell wieder auf die Beine kommen würde. Doch die Realität sah anders aus.

Mein Tagesablauf war nur liegen und liegen und kurz zum Essen mit dem Rollstuhl an den Tisch fahren und danach gleich wieder liegen. Dies nagte an meinem Gemüt. Nach sechs Wochen waren meine Brüche noch immer nicht verheilt und ich musste weiterhin den ganzen Tag überwiegend liegen. Meine Gedanken kreisten: „Wie soll ich das mit meinem Beruf machen; wie kann ich in meinen Unternehmen weiter Kunden gewinnen und vor allem: Wann werde ich gesund?" Das war eine sehr harte Zeit für mich!

Als ich dann auch noch die Nachricht bekam, dass ich aus gesundheitlichen Gründen keinen Kaffee mehr trinken durfte, war das ein weiterer Schlag ins Gesicht. Kaffee war für mich nicht nur ein Genussmittel, sondern es war mein Unternehmen. Wie sollte ich meine Kunden authentisch beraten, wenn ich keinen Kaffee mehr trinken durfte? Doch ich wusste, dass ich mich an die Empfehlung der Ärzte halten musste, um meine Gesundheit nicht zu gefährden.

Auch mein Unternehmen mit Frischekosmetik hatte in dieser Zeit zu kämpfen. Die Corona-Pandemie hatte viele meiner Kunden in finanzielle Schwierigkeiten gebracht und sie mussten sparen, auch bei Kosmetikprodukten. Das war eine harte Zeit für mich, aber ich wusste, dass ich nicht aufgeben durfte. Ich musste weiterhin hart arbeiten und an mich glauben, um meine Ziele zu erreichen.

Heute, ein Jahr nach meinem Unfall, kann ich sagen, dass ich gestärkt aus dieser Zeit hervorgegangen bin. Ich habe gelernt, dass man auch in schwierigen Zeiten nicht aufgeben darf und man immer an sich selbst glauben sollte.

Nach langem Überlegen und vielen schlaflosen Nächten hatte ich endlich eine Entscheidung getroffen: Ich würde mein Kaffeegeschäft aufgeben und nochmals ganz von vorne anfangen. Es war keine leichte Entscheidung, denn schließlich hatte ich hart dafür gearbeitet, um mein Geschäft aufzubauen und es erfolgreich zu machen. Doch ich wusste, dass es so nicht weitergehen konnte. Ich hatte das Gefühl, meinen Kunden keine ehrliche Beratung bieten zu können. Wie sollte ich über neue Kaffeesorten sprechen, wenn ich sie selbst noch nie probiert hatte? Ich fühlte mich unwohl dabei, meinen Kunden etwas anzubieten, das ich noch nie verkostete.

Wie schon so oft, hat mir das Schicksal wieder Tore geöffnet!

Ein Kontakt von mir hat mir gesunde und artgerechte Nahrung für meinen Kater Pumuckl angeboten und seine Beratung zur Nahrungsumstellung machte mich neugierig. Ich war skeptisch, aber ich habe mich darauf eingelassen und bin so dankbar dafür! Also habe ich die gesunde Katzennahrung bestellt und es hat fast drei Wochen gedauert, bis mein Kater sie endlich mit Appetit fraß. Ich habe die ersten Veränderungen an ihm bemerkt: Sein Fell glänzte noch mehr als zuvor, er hatte viel mehr Energie und wurde sogar noch aktiver! Ich konnte es kaum glauben, aber es war wahr! Und das Beste daran war wohl die Tatsache, dass seine Zähne wieder weißer wurden und sein Gebiss weniger Anzeichen von Plaque aufwies.

Ich war so begeistert von dieser Erfahrung, dass ich nicht lange gezögert habe und fragte, ob ich als Partnerin in dieses Empfehlungsmarketing einsteigen könnte. Ich möchte anderen Menschen und ihren Tieren helfen, gesünder und vitaler zu leben. Dies war eine Entscheidung aus tiefster Überzeugung. Somit wechselte ich wieder mein Unternehmen.

Die Entscheidung, mein Bio-Kaffee-Geschäft hinter mir zu lassen und von vorn anzufangen, war zweifellos die beste Wahl meines Lebens. Ich erkannte den

Wert, manchmal einen Schritt zurückzutreten, um dann zwei Schritte nach vorne machen zu können. Meine Erkenntnis: Es lohnt sich immer seinen Träumen treu zu bleiben und hart dafür zu arbeiten.

Von nun an konzentrierte ich all meine Energie darauf, das Tiernahrungsbusiness zum Erfolg führen. Umfassend informierte ich mich über Hunde- sowie Katzennahrung durch verschiedene Seminare und Bücherrecherche - nicht zuletzt auch dank meiner eigenen Erfahrungen als Katzenbesitzerin konnte ich wertvolles Wissen sammeln. Zudem führte der Austausch mit Hundetrainern oder Tierärzten dazu, meinen Horizont stetig zu erweitern.

Ich bin stolz darauf, dass ich meine Reichweite auf LinkedIn kontinuierlich ausgebaut habe. Eine der erfolgreichsten Strategien, die ich angewendet habe, ist die Einführung der „tierischen Couch“. Diese Live-Präsentation über Zoom mit einem Gast hat sich als äußerst effektiv erwiesen, um meine Tiernahrungsprodukte zu präsentieren und gleichzeitig die Aufmerksamkeit auf das Thema meines Gastes zu lenken. Die Resonanz war überwältigend, und ich habe sogar Anfragen von neuen Gastrednern erhalten, die gerne auf meiner tierischen Couch teilnehmen möchten.

Natürlich gab es zu Beginn einige technische Herausforderungen, die ich jedoch schnell behoben habe. Ich bin stolz darauf, dass ich meine Fähigkeiten im Umgang mit verschiedenen Technologien verbessert habe und nun in der Lage bin, eine reibungslose und professionelle Live-Präsentation zu liefern.

Neben der tierischen Couch habe ich auch begonnen, regelmäßig Artikel auf LinkedIn zu veröffentlichen, um meine Expertise und mein Wissen in der Branche zu teilen.

Ich bin stolz darauf, dass meine Beiträge immer mehr Sichtungen, sogenannte Impression, erhalten, was zeigt, dass meine Inhalte interessieren. Ich bin fest davon überzeugt, dass meine Strategien auf LinkedIn dazu beitragen, meine Reichweite und meinen Einfluss in dieser Branche zu erhöhen.

Glücklicherweise konnte ich von meinem österreichischen Team in ein deutsches Team wechseln, was eine der besten Entscheidungen war, die ich in diesem Business getroffen habe. In diesem Team gibt es nicht nur Tiermediziner, sondern auch Tierheilpraktiker, die mir bei gesundheitlichen Fragen zur Seite stehen und mir ermöglichen, meine Tierbesitzer bestens zu beraten. Besonders erfreulich war, dass eine Teampartnerin sogar in meiner Nähe

wohnt. Wir haben uns sofort verstanden und beschlossen, gemeinsam unsere Produkte auf Märkten anzubieten.
Es war unglaublich informativ, sich mit Tierbesitzern zu unterhalten und ihnen von der gesunden, artgerechten Tiernahrung zu erzählen. Der Umsatz war auch nicht zu verachten und wir haben uns sehr über den Erfolg gefreut.

Ich bin dankbar für die Möglichkeit, Teil dieses Teams zu sein und freue mich darauf, noch viele weitere erfolgreiche Projekte mit meinem Team zu realisieren. Wenn es um die Gesundheit unserer Tiere geht, gibt es nichts Wichtigeres als eine gute Beratung und hochwertige Nahrung. Genau das biete ich meinen Kunden - mit Leidenschaft und Hingabe.

Ich kann mit voller Überzeugung sagen, dass ich meine Berufung gefunden habe. Meine Liebe zu Tieren und meine Leidenschaft für eine gesunde Ernährung haben mich dazu gebracht, mein Herzensbusiness zu gründen. Ich möchte Hunden und Katzen ein langes und gesundes Leben ermöglichen, indem ich ihnen eine artgerechte und gesunde Ernährung biete.

Es war jedoch kein leichter Weg, um dorthin zu gelangen, wo ich jetzt stehe. Ich musste viele Hindernisse überwinden und Rückschläge hinnehmen. Aber ich habe nie aufgegeben und immer an mich und meine Ziele geglaubt. Und das ist es, was mich heute hierher gebracht hat.

Ich weiß, dass es auch in Zukunft Herausforderungen geben wird. Aber ich bin bereit, diese zu meistern und weiterhin hart zu arbeiten, um meiner Vision näherzukommen. Ich möchte jeden ermutigen, immer an sich selbst zu glauben und niemals aufzugeben. Denn nur so können wir unsere Träume verwirklichen und unsere Ziele erreichen.

Ich möchte an alle Leser*innen dieses Buches appellieren, stets an sich selbst zu glauben und niemals die eigenen Ziele aus den Augen zu verlieren.

Denn wie heißt es so treffend:

WENN DU HEUTE AUFGIBST, WIRST DU NIE WISSEN, OB DU ES MORGEN GESCHAFFT HÄTTEST.

ELKE MELLOR

REIKI-MEISTERIN, HEILERIN
SCHAMANIC PRACTITIONER, HEILPRAKTIKERIN

© Foto: Doreen Wild

Mein Name ist Elke Mellor, ich bin begeisterte Rosenliebhaberin (dieser Duft!) mit englischen Wurzeln und Flügeln im Herzen. Mein persönlicher Heilungs- als auch spiritueller Weg brachte mich über die USA, Österreich als auch ebenso mit dem hohen Norden/Grönland in Berührung. Ich wurde Reiki-Meisterin und schloss ein 6-jähriges Studium der Energiemedizin in den USA ab (Barbara Brennan School of Healing) und tauchte ein in die weiten Welten des Schamanismus. Meine persönliche Leidenschaft ist es, als intuitives Medium mit Energien und Frequenzen zu arbeiten, Deine tiefen Blockaden zu wandeln und Herzen zu öffnen. Ich arbeite in eigener Praxis und gebe regelmäßig Seminare im Bereich Spirituelles Erwachen, Energiearbeit, Persönlichkeitsentwicklung und Lichtarbeit.

Mehr über mich und meine Arbeit unter
www.elkemellor.de

Hab´ keine Angst vor dem Leben...

von Elke Mellor

"The fateful event of being wounded early in life creates the need for a deep healing process that becomes the path of awakening for each person." Michael Meade

Dies ist meine Lebensgeschichte
Mein Name ist Elke Mellor, während ich diese Zeilen schreibe bin ich 56 Jahre jung/alt und seitdem ich Mitte 20 war, befinde ich mich (bewusst) auf meinem sehr eigenen, spirituellen Weg, immer auf der Suche nach Möglichkeiten, meine eigenen Seelenschmerzen heilen zu können. Dieser Weg hat mich zu großartigen Lehrern, Heilern, Schamanen und tiefen Erkenntnissen geführt.

„Sharing is caring" – das, was ich in Integrität und Aufrichtigkeit aus meinem Innersten mit der Welt teile, kann vielleicht hilfreich sein für eine/n von euch. Dies ist also die Absicht, mit der ich diese Zeilen schreibe, und in diesem Moment weiß ich noch nicht genau, welche Worte aus mir herausfließen werden und wie weit ich mich traue, mich zu öffnen.

Nicht, dass ich hier missverstanden werde: Ich bin nichts Besonderes. In zweiter Ehe verheiratet und Mutter von zwei wunderbaren, erwachsenen Kindern, einem Sohn und einer Tochter. Dennoch bin ich anders als so viele andere. Zumindest habe ich mich auch immer anders gefühlt. Viel sensibler, beobachtend, die Menschen lesend und nicht leicht vertrauend.

Geboren als Tochter eines englischen Soldaten, der mit gerade einmal 18 Jahren nach Deutschland kam, um niemals wieder nach England zurückzukehren. Dieser Teil meiner Wurzeln, meine englische Familie, fehlte mir gefühlt mein Leben lang. Es gab immer die Sehnsucht nach der einen großen Familie mit Familientreffen, Cousins, Cousinen und Großtanten und Onkeln, Teatime und Scones mit Clotted Cream, Gelächter und Gemeinschaft. Meine Mutter verlor ich mit 17 Jahren an Brustkrebs, ein schrecklicher Verlust, und ich war Teil einer Familie, in der ich mich niemals so wirklich dazugehörig fühlte.

Ich war so anders.

Zu diesem Zeitpunkt wusste ich noch gar nichts über die Tatsache, dass ich als kleines Baby für viele Wochen mit Scharlach, hohem Fieber und todkrank ins Krankenhaus gegeben wurde. Damals in den Sechzigern, zu einer Zeit, als es üblich war, ohne Begleitung von Mutter oder Vater, isoliert und hinter Glas, ohne Haut-, Körperkontakt oder Ansprache, sich selbst überlassen zu sein. Besuche gab es nur zu festen Zeiten und wenige Male die Woche und die Besucher standen hinter Glas und winkten. Meine Eltern fuhren in der Zeit in den Urlaub (sagte meine Tante) und für meine Oma war der Fußmarsch bis zum Krankenhaus zu weit. Wir hatten kein Auto und ich war ja gut versorgt. Dass Kinder so jung nicht alleine gelassen werden sollten, war damals noch nicht bekannt. Entlassen wurde ich nach vielen Wochen mit der Diagnose „Asthma“ – welches mich wiederum zu vielen weiteren Krankenhaus- und Kuraufenthalten zwang. Dieses Muster wiederholte sich meine ganze Kindheit und Jugend hindurch.

Wie fange ich an?

Dass ich ein „Problem“ hatte, zeigte sich mir ganz deutlich, als ich in meinen frühen Zwanzigern auf eine „gewöhnliche“ Trennung verheerend reagierte. Der Verlust (m)einer geliebten Person stürzte mich ins Chaos. Ich verlor innerhalb kürzester Zeit viel an Gewicht, war kaum noch fähig, einen klaren Gedanken zu fassen, geschweige denn zu arbeiten, und fühlte mich hundeelend. Konnte nicht essen und nicht schlafen. Ich konnte an mir selbst feststellen, dass mein Körper und meine Seele über das normale Maß einer Trennung hinausgehend reagierten. Instinktiv wusste ich, dass ich Linderung benötigte, Heilung eines Schmerzes, den ich nicht beschreiben konnte, und ich wusste gleichzeitig, dass ich mich nicht in die Hände von Kliniken und Psychiatern begeben wollte. Ich sorgte mich vor Stigmatisierung und davor, nicht verstanden zu werden. Außerdem wusste ich ja gar nicht genau, was mein Schmerz eigentlich genau war. Ich wusste noch nicht bewusst, wie traumatisiert ich eigentlich war. Ich wollte nur, dass es aufhörte, so weh zu tun.

Also bog ich anders ab: In einem Moment der Klarheit und Sammlung begann ich innerlich darum zu bitten, dass mir eine höhere Instanz (und es ist mir an dieser Stelle egal, welchen Namen du/ich/wir ihr geben) mir direkt in mein Herz schauen möge, erkennen möge, dass ich ein gutes Herz habe, und mit dem Wissen um mein Herz meine Schritte Richtung

Hilfe lenken möge. Ich bat um Heilung und Führung, da ich nicht wusste, wie ich diesem Problem begegnen sollte. Ich wusste nur eines:Diesen vernichtenden Schmerz, diese Dunkelheit wollte ich nicht mehr.

Und so wurde ich geführt – zunächst in Form einer Patientin, die mich eines Abends aus heiterem Himmel privat anrief und mich fragte, ob ich Reiki kennen würde? Reiki? Nie gehört. Aber neugierig, wie ich war, begleitete ich sie zu einem Reiki-Treffen und erhielt dort meine erste Energiebehandlung. Es war ein absolutes Aha-Erlebnis für mich – eine Offenbarung! Ich konnte GENAU fühlen, dass Energie floss, wohin sie floss und wohin sie auch nicht floss. Ich konnte entspannen und mich geborgen fühlen. Es war ein Nachhausekommen für mich. Ein Aufladen. Ein Wiedererkennen. Ein Licht. Eine Wärme. Ich wollte mehr wissen und nach einigen Abenden, an denen ich Reiki-Behandlungen bekam, meldete ich mich zu meinem ersten Reiki-Grad an. Es war himmlisch und ich spürte tief in mir, dass mir diese Lebensenergie unendlich guttat. Ich wollte lernen, wie es ist, mich selbst mit dieser Energie zu verbinden und aufladen zu können.

Nach der Einweihung in den ersten Reiki-Grad verbrachte ich viele, viele Stunden damit, mich selbst auf meinem Sofa liegend zu behandeln. Jedes Mal musste ich meinen Kopf austricksen, der mich davon überzeugen wollte, dass „Handauflegen" doch nur was für Spinner war und nicht funktionieren konnte! Aber egal, was mein Kopf und mein Verstand sagten – mein Körper und mein Herz fühlten. Jedes Mal. Die Wärme, die meine Hände durchflutete und die aus meinen Händen strömte. Die Entspannung. Das Licht vor meinen inneren Augen und in meinem Innersten. Das sich wieder aufgeladen und belebt fühlen und gleichzeitig zutiefst entspannt. Es war mir egal, was mein Kopf und Verstand zu melden hatten. Ich fühlte die segensreiche Wirkung, die sich in mir entfaltete. Ich wusste instinktiv und mit jeder Zelle meines Körpers: Dies war mein Weg.

Nach einigen wenigen Monaten meldete ich mich zum zweiten Reiki-Grad an. Hier erlernten wir unter anderem, wie man die universelle Lebensenergie z. B. in die Vergangenheit oder in die Zukunft senden konnte. Der Kontakt über die Dimension der Zeit wird mittels Symbolen hergestellt.

Unsere Aufgabe an diesem Reiki-Wochenende des zweiten Grades war es, uns ein Ereignis aus unserer Kindheit auszusuchen, in das wir die Energie fließen lassen wollten. Ich entschied mich für meine „Krankenhausgeschichte“ – von der ich nur durch Erzählungen wusste. Ich selbst war noch zu jung gewesen, um mich bewusst an diese Erfahrung erinnern zu können.

Also gingen wir ans Werk. Wir stimmten uns ein und jede für sich ließ die Energie über Raum und Zeit hinweg fließen ...

In dem Moment, in dem ich den Kontakt zu mir als kleine Elke in der Vergangenheit herstellte, überwältigte es mich innerlich und ich spüre noch genau, wie ich instinktiv die Luft anhielt.

Damit hatte ich nicht gerechnet und es überrollte mich: Ich fühlte, was die kleine, verlassene, hilflose Elke, das kleine Baby von damals fühlte. Ich sah vor meinen inneren Augen, was die kleine Elke gesehen hatte. Die weißen Gitterstäbe, die verschiedenen Schwestern in ihren Uniformen. Die Gefühle waren so LEBENDIG, ich spürte ihre Angst, ihre Panik, spürte, dass die Kleine einfach nicht verstehen konnte, warum sie verlassen worden war. Weggegeben. Abgegeben. Zurückgelassen. Und ich spürte ihr Warten. Dieses lange Warten, Warten, Warten in Angst und Einsamkeit. Warten darauf, dass Mama doch endlich zurückkam, sie in den Arm nahm, beruhigte, wieder liebhatte. Sie wartete und wartete und beinahe hätte sie aufgegeben ...

In diesem Moment zog es mir dort in dem kleinen Haus meiner Reiki-Lehrerin fast die Schuhe aus. Die Wucht der gerade erlebten Gefühle war gewaltig. Alles war präsent, als ob ich in der Zeit zurückkatapultiert worden war. Sie raubten mir den Atem und machten mich schwindelig. Was war DAS denn gerade bitte schön?

Um mir aber etwas von diesem inneren Aufruhr anmerken zu lassen, war ich noch viel zu angepasst. Ich wollte nicht auffallen. Nicht aus dem Rahmen fallen. Mir keine Blöße geben. Nicht weinen. Die Gruppe nicht belasten. Also beschrieb ich in unserer Austauschrunde nur nüchtern, was ich gerade erlebt hatte. Sehr distanziert. Die Distanz half mir, schützte mich ... und ich war es nicht anders gewohnt, als meine Gefühle mit mir auszumachen. Eine typische Trauma Response. Die Wucht des Traumas wie durch ein Fernglas sezierend. Dissoziiert.

Hier erlebte ich zum ersten Mal die ungeheure Kraft und was Energiearbeit (Energiemedizin/Heilarbeit) bewirken kann. Dass sie eine eigene Intelligenz besaß, die genau wusste, wo sie am nötigsten gebraucht wurde. Dass Energie eingefrorene Erlebnisse wieder lebendig werden lassen konnte, damit sie integriert werden können und die in ihnen gebundene Lebensenergie wieder dem Menschen zur Verfügung steht. Man wieder mehr man selbst sein konnte und durfte.

Die Hinwendung zur Arbeit mit Reiki war für mich der Anfang einer Suche nach Erklärungen: Was ist Lebensenergie? Woher kommt sie? Was bewirkt sie im Körper? Was wird durch das Arbeiten mit Energie berührt? Was macht Trauma mit uns und unserer Lebensenergie? Wie sind wir aufgebaut in Bezug auf unsere Lebensenergie? Was sind Chakren? Wie ist das menschliche Energiefeld aufgebaut? Kann jeder die Lebensenergie fühlen? Weiterleiten? Damit arbeiten? Etc. Ich suchte nach Antworten und fing an Bücher zu lesen, die mir mehr erklärten. Damals – wir sprechen von der Mitte der 90er Jahren – gab es noch längst nicht so viel Literatur dazu wie heute, geschweige denn Internet oder die sozialen Medien.

Ich stieß bei meiner Recherche auf die Bücher „Lichtarbeit“ und „Lichtheilung“ der Autorin Dr. Barbara Brennan aus den USA, einer promovierten Nasa-Physikerin. Die Tatsache, dass Barbara Brennan einen Doktortitel trug, zumal noch in einem Fach wie Physik, war mir sehr wichtig. Kein abgedrehter Guru mit langen Haaren, der barfuß lief, sondern eine schicke blonde Frau mit Verstand (bewiesen durch Titel und Beruf) und Herz und einem tiefen spirituellen Zugang. Ihr konnte ich mich anvertrauen.

Sie hatte eine außergewöhnliche Schule in den USA eröffnet und ein einzigartiges Curriculum entwickelt. Eine Schule für Heiler. Anerkannt durch den Staat Florida. Mit Diplomarbeit und Abschlussprüfung. Ein Studium, das über vier Jahre ging (man war Freshman, Sophomore, Junior und Senior-Student) und den Aufbau unseres Energiekörpers, unserer Energiezentren, unserer verinnerlichten Verletzungen und was aus ihnen resultierte lehrte. Einen Ort der Heilung. Welche Erlebnisse führten zu welchen Verzerrungen im Energiefeld und zu welchen Glaubenssätzen? Diese Zusammenhänge wurden sehr persönlich beleuchtet. Was sind erweiterte Sinneswahrnehmungen? Was ist Hellhören, Hellsehen, Hellfühlen und wie lässt es sich erklären?

Barbara Brennan verfügte selbst über erweiterte Sinnesfähigkeiten und konnte weit mehr wahrnehmen bzw. sehen, als das übliche menschliche Auge dazu in der Lage war. Oft beschrieb sie beim Unterrichten auf der Bühne stehend das Energiefeld eines Schülers, der sich zur Zusammenarbeit mit ihr auf die Bühne begab.

Was sie wahrnahm, war sehr beeindruckend, ihre Beschreibungen passten akkurat. Sie las in uns wie in einem Buch. Nichts blieb ihrem Auge oder ihrer Führung verborgen. Sie war ein Chanel und übermittelte Botschaften und Lehren eines Wesens namens Heyoan. Sie beschrieb, was genau in der Seele passierte, wenn zu unterschiedlichen Zeiten während der Kindheit die Dinge nicht gut liefen. Wie bei mir. Als ich als Baby im Krankenhaus war. Und was mit der Lebensenergie passierte, wenn sie traumatischen Ereignissen ausgesetzt war. Dass sie dann gefror und sich das Trauma abkapselte. In unserem Energiekörper. In unserem Körper. In unserer Seele. In unseren Emotionen. In unseren Gedanken. Dass unsere tiefste Wunde unser größtes Geschenk enthält.

Damals wusste ich noch nicht, dass ich einmal dort in den USA studieren würde. Ich war jedoch fasziniert von ihren Lehren, den Erklärungen und Erläuterungen, welche Glaubenssätze bei welchen Verletzungen entstanden, wie das menschliche Energiefeld, mein Energiefeld, durch Verletzungen in der Kindheit geprägt wurde. Ich hörte, fühlte und lernte, mein eigenes Energiefeld als heilende Antwort zu nutzen. Meine eigene Frequenz zu modellieren, je nach Wunde meines Gegenübers.

Ich wusste noch nicht, dass ich mit Menschen aus der ganzen Welt, aus allen Nationen, allen Religionen, allen Hautfarben, allen Geschlechtsorientierungen und jeglichen Alters zusammen lernen und heilen würde. Dass ich über vier Jahre lang für fünf Wochen im Jahr in die USA fliegen würde und dass ich in dieser Zeit meine beiden Kinder empfangen und auf die Welt bringen würde. All das wusste ich noch nicht in dem kleinen Haus meiner Reiki-Meisterin. Aber ich wusste, dass meine Seele verletzt worden war, dass mir Teile meiner Seele fehlten und dass ich dringend auf der Suche nach Heilung war. Meinem eigenen, sehr persönlichem Weg der Heilung.

Dort lernte ich, dass meine feinen Antennen, meine Informationen, die ich durch alle möglichen Sinne erhielt, zum Teil ein Resultat dieses Traumas waren. Dass ich immer auf der Hut war und meine Wahrnehmung aufs äußerste sensibilisierte, um lesen zu können, was in meinem Umfeld passierte. Um mich sicher zu fühlen. Erweiterte Wahrnehmung, die mehr hörte, mehr sah und vor allen Dingen mehr FÜHLTE, was in ihrer Umgebung passierte ... Zum Teil war ich damit geboren, zum Teil hatte ich diese Gaben erworben.

Bevor ich jedoch 1999 mit meiner „Ausbildung/Studium/Heilreise/Transformation“ in den USA beginnen würde, wurde ich zunächst Reiki-Meisterin.

Wie es dazu kam? Tja. Nachdem ich also damals den zweiten Reiki-Grad erlernte und mich mit meiner kleinen Elke vertrauter machte, brach ich aus meiner kleinen Heimatstadt auf und zog nach Köln. Eine unglückliche Trennung hatte mich „aufgebrochen“ und ich wollte die Provinz hinter mir lassen und in Köln meinen Heilpraktiker machen. Gesagt, getan. Wohnung gesucht. Arbeit gesucht. Umgezogen. Anmeldung an der Heilpraktikerschule, um mich im Abendunterricht vorzubereiten. Nach Anmeldung bei der Stadt Köln dauerte es noch zwei (!) Jahre bis zum eigentlichen Prüfungstermin.

Während meiner Vorbereitungszeit auf diese Prüfung ging ich nun regelmäßig in die Heilpraktiker-Abendschule und begegnete neuen Menschen. Unter anderem einer Klassenkameradin, deren Chefin die Fähigkeit hatte, Fragen durch die geistige Welt beantworten zu lassen. Wie spannend. Wie hilfreich. Ein Segen.

Man schrieb seine Frage auf einen Zettel, gab ihn der Schulkollegin mit und eine Woche später bekam man seine Antwort unter die Frage auf dem Zettel geschrieben zurück. Als ich nun einen dieser Briefumschläge zurückerhielt, stand unter der Antwort meiner Frage noch der Hinweis: „Mache RM“ – ich musste überlegen. Was bedeutet denn nun RM? Rolfing Massage? Hm ... Dann ging die Tür auf und die Reiki-Meisterin, die ich in Köln gefunden hatte, schaute herein. Es fiel mir wie Schuppen aus den Haaren. Mache Reiki-Meister! Konnte das sein? Ich fragte sie, ob sie auch die Einweihung zum Reiki-Meister durchführen würde und sie sagte ja! Ha! Direkt nachdem ich meine Antwort erhalten hatte, folgte die Lösung! Vor meinen Augen. Jetzt benötigte ich nur noch eine Finanzquelle für die Summe, die es brauchte, um den Reiki-Meister zu bezahlen, und ich bat die geistige Welt um Hilfe und ließ los.

Wenige Tage nach Erhalt des Briefumschlages kam die Geschäftsführung meines damaligen Arbeitgebers zu mir und fragte, ob ich mir vorstellen könne, einen Ordner über Hüftprothesen zu übersetzen? Hüftprothesen! Sie boten mir EXAKT die Summe, die ich für mein Vorhaben, den Reiki-Meister zu machen, benötigte. Da ich in der Vergangenheit für meinen Chef anlässlich eines internationalen Kongresses eine Rede auf Englisch geschrieben hatte, wussten sie, dass ich Englisch sprechen konnte. Dort war meine Hilfe. Mein Wunder. Die Summe, die ich benötigte. Zusammen mit meinem damaligen Freund (und späteren ersten Ehemann) und einem seiner Freunde machten wir uns daran, einen ganzen Ordner über Hüftendoprothesen zu übersetzen. Wir hatten sogar Spaß dabei. Es war ein Wunder.

Meine Einweihung zur Reiki-Meisterin fand dann auf Norderney statt. Eine Woche mit meiner Reiki-Meisterin zusammen und es war wunderbar. Direkt zurück zu Hause begann ich damit, die ersten Seminare zu geben, um Menschen mit dieser wunderbaren Energie in Kontakt zu bringen. Bewusstsein zu wecken. Hilfestellung zu geben. Ich liebte es und es fühlte sich sehr natürlich für mich an. Ich entdeckte meine Leidenschaft, als Medium mit Menschen zu arbeiten, und sie mit Energiearbeit vertraut zu machen.

Bei diesen Seminaren nutze ich immer die bereits genannten Bücher „Lichtarbeit“ und „Lichtheilung“. Ich liebte es, die Informationen, die darin enthalten waren, zu nutzen und zu verbreiten. Wie gesagt: Es gab noch nicht so viel auf dem Markt wie heutzutage.

Es war 1998 und ich hatte mittlerweile geheiratet und war in das schöne Weserbergland gezogen. Auch dort hatte ich mir eine spirituelle Gruppe gesucht, die sich regelmäßig in einer schönen Holzhütte traf, um gemeinsam zu meditieren oder sich auszutauschen. Und genau dort war es, dass ich an einem dieser Abende die besagten Bücher auf dem Boden liegen sah. Ich erkannte sie gleich: Obwohl sie auf Englisch waren und ein viel größeres Format hatten, erkannte ich sie direkt. Auf Englisch lautete ihr Titel anders: „Hands of Light“ und „Lightemerging“. Und ich lernte die Besitzerin der Bücher kennen. Diese offenbarte mir, dass sie im ersten Jahr an der Barbara Brennan School of Healing in den USA studierte! Ich konnte es nicht glauben!

Da war sie wieder – die Führung in meinem Leben! Dass es eine Schule in den USA gab, wusste ich aus dem Buchrückband. Sie jedoch besuchen zu können, überstieg meine Vorstellungskraft und lag jenseits meiner gefühlten Möglichkeiten. An diesem Abend tauschten wir gegenseitig Energiebehandlungen aus. U. erhielt eine Reiki-Behandlung von mir und ich im Gegenzug eine Chelation, eine Energiebehandlung, wie sie an der Barbara Brennan School of Healing – kurz BBSH – gelehrt wurde. Ich war elektrisiert. Ich wusste tief in mir, dass mich mein Weg an diese Schule führen sollte. Gott sei Dank war es meinem damaligen Mann nicht fremd, des Öfteren in die USA zu reisen. Er war seinerzeit mit dem Aufbau einer Firma in South Carolina beschäftigt und flog regelmäßig in die Staaten. Und er unterstütze mich in meinem Vorhaben, wofür ich ihm bis heute dankbar bin.

Keine 14 Tage nach der Begegnung in der Holzhütte saß ich im Oktober 1999, damals noch in der Nähe von New York in New Jersey, in der ersten Schulklasse in den USA. Ich war nun ein Freshman im ersten Jahr der vier Jahre des Studiums. Die erste Unterrichtswoche im September hatte ich verpasst, das machte jedoch nichts. Ich konnte sie nachholen. Und so begann meine Transformation.

Wie soll ich nur in Worte fassen, was ich alles in diesen vier Jahren lernte? Es begann damit, zu lernen, mich zu erden. Etwas, dass ich dachte, zu können und zu wissen – aber weit gefehlt! Beinahe hätte ich das erste Jahr aufgrund meiner mangelnden Erdung nicht bestanden. Denn meine Hauptstrategie, um nicht fühlen zu müssen, war die Flucht. Die energetische Flucht in die höheren Ebenen, was mir jedoch nicht bewusst war. Überhaupt gar nicht. Meine Tendenz, mich verstecken zu wollen, mich unsichtbar machen zu wollen, meine Angst vor vernichtendem Kontakt, war mir nicht bewusst.

Wir behandelten uns in jeder Schulwoche gegenseitig. Oft genug habe ich auf magische Art und Weise erlebt, wie genau die richtigen Menschen mit den richtigen Themen vor mir saßen. Wie ein Spiegel – mein Spiegel. Als ob es eine unsichtbare Choreographie des Ganzen gab. Es war geradezu unheimlich. Und unglaublich. Berührend.

Ebenso mussten (durften) wir regelmäßig Menschen zu Hause behandeln und ausführliche Abhandlungen als Hausarbeiten über unsere Sitzungen schreiben. Es gehörte viel Selbstreflexion zu unseren Hausaufgaben. Fragen über das Energiefeld unseres Klienten. Fragen über unser inneres Erleben. Bewusstsein über Zusammenhänge. Nutzen unserer erweiterten Sinnesfähigkeiten. Erkennen der innersten Wunde, der tiefsten Verletzung unseres Gegenübers. Erkennen unserer eigenen tiefsten Verletzungen und ihrer Begegnung damit.

Im Laufe der vier Jahre konnte ich sowohl an mir, als auch an meinen Mitschülern tiefe Veränderungen beobachten. Mein Asthma, welches mich seit meiner Kindheit und Jugend oft an den Rand von Leben und Tod geführt hatte, wurde viel besser. Durch das Ausdrücken all der verinnerlichten Gefühle konnte sich mein Halszentrum wieder entspannen, heilen und stabilisieren. Als junge Frau hatte ich gestottert. Jetzt traute ich mich mehr und mehr zu sagen und auszusprechen, was meine Wahrheit war.

Unsere Körperhaltungen veränderten sich, die Gesichter veränderten sich. Manche meiner Mitschüler waren nach den vier Jahren der tiefen inneren Arbeit und der Rückgewinnung und Heilung ihrer ureigenen Energie kaum wiederzuerkennen. Ruhe und Haltung strahlten sie aus. Eine tiefe innere Verbindung mit sich selbst war spürbar. Ihre Mienen wurden glatter, heller und weicher. Aus ihren Augen strahlte das Licht. Manchmal machten wir Witze darüber, dass diese Schule das Beste war, was einem an Anti-Aging passieren konnte!

Am Ende jeder Schulwoche gab es eine sogenannte Goddess-Meditation. Der gesamte Schulkörper – zu meiner Zeit mehrere hundert Menschen – alle vier Jahrgänge und alle Lehrer waren gleichzeitig anwesend. Wir betraten den großen Saal in aller Stille und suchten unseren Platz. Ich LIEBTE diese Energie. Sie war für mich fühlbar und legte sich wie ein unsichtbarer Mantel um mich. Alles vibrierte und leuchtete und ich versank in tiefe Meditation, während Barbara Brennan von der Bühne aus Energie und Worte übermittelte, die sich mir tief in mein Herz und meine Seele legten. Sie arbeitete energetisch mit jedem von uns von der Bühne aus und auch das war deutlich spürbar. Egal, welches Thema man in sich trug, es wurde berührt und konnte in die Veränderung gehen. Ich spürte das Zupfen und Entfernen von Schwerem. Wenn ich jemals das Gefühl beschreiben müsste, etwas Heiligem beizuwohnen, so wären es diese Goddess-Meditationen. ICH LIEBTE SIE.

Hier an dieser Schule war es, dass meine tiefe Heilung sich weiter entfaltete. Was mit der Arbeit der Reiki-Energie begann, setzte sich durch die Arbeit mit der Erdenergie fort. Ich „erlernte" verschiedene Energieformen, die sich heilend und belebend auf mich und uns alle auswirkten. Viele Tränen, viele Schreie später, viele gefühlte, verborgene Emotionen später. Viel Lachen und viel Weinen. Einmal flog ich mit einem tiefen Schmerzen in meinem Herzen in die USA, es fühlte sich wie ein Holzpflock an – nur um damit wieder nach Hause zu fliegen. In der kommenden Schulwoche traf ich den glasklaren Entschluss, dass ich mich diesem Schmerz auf jeden Fall stellen und nicht erneut unverrichteter Dinge damit zurück nach Deutschland fliegen wollte. Ich erhielt eine Chelation – der Schmerz war noch da. Also traute ich mich, gut für mich zu sorgen und fragte direkt im Anschluss nach einer weiteren Chelation für mich. Das war ein riesiger Schritt für mich – eigentlich ging es ja immer abwechselnd – einmal erhielt man eine Behandlung – und dann gab man eine Behandlung. Aber ich wusste: Ich benötigte die Energie aus zwei Behandlungen hintereinander, um diesem tiefen Schmerz zu begegnen. Ihn zum Bewegen zu animieren – mich zu trauen, ihn zu fühlen. Ihn auszudrücken. Und ihn somit loszulassen.

Sosehr es auch mein eigener persönlicher Weg der Heilung war, so trug er gleichzeitig dazu bei, eine helfende Hand für andere Menschen zu sein, Menschen, die ähnliches erlebt hatten. Jenen Menschen, die wie ich Ablehnung und Verlust erlitten hatten. Die Halt suchend die Hand eines anderen Menschen brauchten. Die nicht wussten, wie sie sich ihren inneren Verletzungen sicher und behütet stellen sollten. Menschen, die wie ich damals an der Schule einen sicheren Container benötigten, um sich ihrer eigenen Verletzungen und Verletzlichkeit zu öffnen. Damit Gefrorenes wieder zum Leben erweckt wird und als gefühlte Lebensenergie wieder in uns wirken kann, uns zur Verfügung steht und uns erstarken lässt.

Ich erlebte und lernte, verlorene Anteile meiner Seele zu mir zurückzubringen.
Und dies auch für andere tun zu können.
Ich lernte, mich selbst energetisch halten zu können.
Und dies auch für andere tun zu können.
Ich lernte, mich zu erden und mich sicher zu fühlen. In mir.
Ich lernte, dass ich – mein Sein – genug ist und es nichts zu beweisen gibt.
Ich lernte, dass ich Grenzen haben darf.
Ich lernte, meine Wahrheit auszudrücken.

Ich lernte, dass ich nicht perfekt sein muss.
Ich lernte, was es bedeutet, hellfühlig zu sein.
Ich lernte, dem Leben zu vertrauen.
Und dies auch anderen vermitteln zu können.
Ich lernte, keine Angst vor dem Leben zu haben.
Ich lernte, mich mit Energie auffüllen zu können.
Und dies auf für andere tun zu können.
Ich lernte, die wunderbare weibliche Kraft in allen lebendigen Dingen zu sehen und zu lieben. Die Kraft, der alles entspringt und die das Leben selbst in sich trägt.
Die Kraft, die auch in mir wohnt und die es in allen Lebewesen zu schützen gilt.
Die Kraft, die nicht zwischen arm und reich, jung oder alt, Religion, Hautfarbe oder Nationalität unterscheidet.

Diese Kraft, die das Leben wie ein unsichtbares Band miteinander verwebt. Von der wir uns so weit entfernt haben. Nach der wir so große Sehnsucht haben. Die uns allen fehlt. Die uns vereinen kann. Die mir heilig ist.

In den Jahren nach meiner Ausbildung in den USA habe ich noch weitere Reisen unternommen. Zu mir selbst. In schamanische Welten. In andere Länder. Um weitere Teile meiner Seele zurückzugewinnen. Ich lief über Feuer, saß in Zeremonie in Schwitzhütten und entdeckte meine Stimme als magisches Instrument, um Frequenzen zu formen. Ich arbeitete in eigener Praxis und online.

Ich gab Jahresprogramme und Einzelsitzungen. Ich weihte Menschen in Reiki-Grade ein und channelte geführte Meditationen aus den Sternenwelten. Ich erfahre mich als Lichtarbeiter und glaube, dass wir in dieser schwierigen Zeit der großen Veränderung gebraucht werden. In dieser Dunkelheit, diesen Konflikten, diesen Kriegen. Um uns zurückzuerinnern, dass wir alle aus dem gleichen Material geschaffen sind, die gleiche Luft atmen und unter dem gleichen Mond wandeln.

Wir alle können unsere Schattenanteile integrieren. Wir alle können dazu beitragen, Heilung auf diesen Planeten zu bringen. Jede(r) einzelne, die sich Ihren inneren Wunden stellt, trägt dazu bei, dass sich im Kollektiv etwas zum Positiven verändert. Auch wenn es vielleicht in der Welt aktuell nicht sichtbar ist, so glaube ich doch fest daran. Jede Heilung überträgt sich auf uns alle – wie Wellen auf dem Wasser nach einem Steinwurf. Also, hab keine Angst vor dem Leben, sondern vertraue ihm und lass dich zu deinem persönlichen Weg der Heilung führen.

ANDREA STRAUSS

TRANSFORMATIONS-COACH

© Foto: Andrea Strauss

Als feinfühliger Mensch habe ich jahrelang mit Anstrengung und Anpassung für Harmonie im Außen gesorgt, was zu chronischen, körperlichen Beschwerden sowie Panikattacken führte. 2020 lernte ich Robert Betz und seine wertvolle Fühltherapie in Verbindung mit innerer Kind Arbeit kennen, die mein Leben unglaublich bereicherte. Als Transformations-Coach darf ich andere Menschen dabei begleiten ihr inneres Kind zu heilen. Mit meiner liebevollen, ruhigen Art helfe ich anderen dabei ihren emotionalen Schmerz zu verwandeln und sich selbst wahrhaftig lieben zu lernen.

Mehr über mich und meine Arbeit unter
www.soul-harmony-andrea.at/

Von der Harmoniesucht zur Harmonie in mir

von Andrea Strauss

Ganz beseelt laufe ich wie ein Kind durch den Schnee und spüre die warmen Sonnenstrahlen auf meiner Haut. Es ist Dezember im Jahr 2023 und ich befinde mich in einem Winterwunderland mit meinem Lieblingsmenschen. Ich bin glücklich und dankbar. Einfach im Hier und Jetzt, zusammen mit meinem Freund. Es ist einer dieser kleinen Glücksmomente, die mich innerlich erfüllen und den Sinn des Lebens spüren lassen. In diesem Augenblick fühle ich Harmonie in mir. Ich bin ganz mit meiner Seele verbunden. Dankbar für diesen wundervollen Körper, in dem ich mich zuhause fühle. Tiefer innerer Frieden macht sich in mir bemerkbar. Ich fühle Liebe zu mir selbst und zu diesem Leben, meinem Leben.

So lange hat meine Seele darauf gewartet, wieder diese sanfte und zugleich lebendige Energie zu spüren. Diese Harmonie in mir. Viel zu lange war ich damit beschäftigt, die Harmonie im Außen zu bewahren. Irgendwann war da nur noch Schwere, Druck und Schmerz und ich spürte mich selbst nicht mehr. Jahrelang habe ich seit meiner Kindheit mit viel Anstrengung für Harmonie in meiner Familie gesorgt, was schließlich dazu führte, dass ich als Erwachsene körperlich erschöpft, mental überanstrengt und emotional verletzt war.

Um dich auf meinem Transformationsprozess von der Harmoniesucht zur Harmonie in mir zu begleiten, muss ich jedoch ganz vorne beginnen.

Eine Reise zur kleinen Andrea

Komm mit, ich zeige dir, was die jüngere Version von mir am liebsten getan hat. 3-2-1, die Show beginnt. Die Lichter meiner Taschenlampen sind auf mich gerichtet. Sobald die Musik beginnt, bewege ich mich im Bühnenoutfit passend zum Rhythmus und lege los zu singen. Meine Kamera hält meinen Auftritt fest, damit ich ihn mir immer wieder anschauen kann. Mein Publikum bestand aus Kuscheltieren, die einen Kreis um meine Bühne bildeten. Wie ich es geliebt habe, eigene Eintrittskarten für meine Auftritte zu gestalten, wenn meine Eltern mir zusahen. Musik gab mir immer schon besonders viel Kraft und Urvertrauen. Durch das Tanzen und Singen konnte ich das ausdrücken, was mir über die Sprache nicht gelungen ist. Den Film Mamma Mia kannten mein bester Freund und ich in- und auswendig, denn wir spielten jede Szene – vor allem die Musikparts – perfekt nach.

Mein Sinn für Humor zeigte sich schon damals in meiner Rolle der Kabarettistin, als ich verschiedenste Szenen und Leute perfekt nachstellte. Meine liebe Großtante Erni war mein größter Fan, die vor lauter Lachen bei meinen Kabaretts oft Tränen vergoss. Meine großen Halbgeschwister bekamen von der talentierten Bühnen-Andrea kaum etwas mit. Meine Schwester, die 9 Jahre älter war als ich, war viel mit Partymachen beschäftigt und mein Bruder zog schon mit 15 Jahren von zuhause aus, als ich gerade mal 1 Jahr alt war.

Die lustige und offenherzige Andrea war in ihrem Wesenskern immer schon sehr feinfühlig und zurückhaltend. Als hochsensibles Kind brauchte ich ausreichend Ruhe und Entspannung, um die vielen Eindrücke und Reize des Alltags verarbeiten zu können. Neben meinen musikalischen und künstlerischen Talenten war ich Meisterin im Beobachten und konnte sehr viel wahrnehmen. Die Stimmung anderer Menschen spürte ich schnell und aufgrund meiner hohen Empathie wollte ich andere immer aufmuntern, wenn es ihnen nicht gut ging.

Meine Hochsensibilität schätze ich heute sehr, doch als feinfühliges, ruhiges Kind war es nicht immer leicht für mich. Ich wurde mit zwei rebellischen Halbgeschwistern groß, deren Eifersucht ich schon früh zu spüren bekam. Konflikte in meiner Familie – vor allem Streit meiner Eltern – lösten in mir immer schon großes Unbehagen aus, weshalb ich aus Schutz immer erstarrt oder geflüchtet und in meine Musikwelt abgetaucht bin.

Im Laufe der Jahre kam meine Hochsensibilität immer mehr zum Vorschein. Ich merkte, wie überfordernd ein Schultag für mich sein konnte, weil ich mich bei Unruhe im Klassenraum kaum konzentrieren konnte. Das Lesen und Schreiben habe ich mir sogar schon vor Schuleintritt selbst beigebracht, das Rechnen war jedoch mein größter Albtraum und nahm mir auch schnell die Freude an der Schule. Noch heute sehe ich die Angst der kleinen Andrea in den Augen, wenn sie an der Tafel rechnen musste. Nach so langer Zeit fühle ich auch heute ihre Unsicherheit, während sie vor der ganzen Klasse ihr Referat vortragen musste.

Die ersten 7 Jahre prägen ein Kind sehr stark und haben enorme Auswirkungen auf das Erwachsenenleben, was ich durchaus bestätigen kann.

Jeder von uns hat Traumata erlebt

Als bedingungslos liebende, unschuldige Wesen kommen wir auf diese Welt, da sich unsere Seele ausgesucht hat, menschliche Erfahrungen auf dieser Erde zu machen. Wir sind physisch und psychisch völlig abhängig von unseren Eltern und Bezugspersonen und passen uns somit an, um Liebe und Aufmerksamkeit zu erhalten. Das müssen wir tun, um unser Überleben zu sichern. Ein Kind möchte gesehen, gehalten, geführt, genährt und geschützt werden. Schnell lernen wir, uns so zu verhalten, wie es Mama und Papa gerne hätten, um unsere Grundbedürfnisse zu decken. Kein einziger Mensch auf dieser Welt hat all diese Bedürfnisse immer und zu jederzeit von seinen Bezugspersonen erfüllt bekommen. Ein Trauma kann schon entstehen, wenn wir als Kind in einem Moment zu wenig Aufmerksamkeit bekommen. Keine Aufmerksamkeit bedeutet für ein Kind schon Lebensgefahr. Dies bedeutet nicht, dass unsere Eltern die Schuld für all unsere Traumata und seelischen Verletzungen tragen, sie wussten es tatsächlich nicht besser. Einen Satz, den ich nie vergessen werde, ist: „Wenn du nur einen kurzen Ausschnitt der Kindheit deiner Eltern sehen könntest, würdest du dein Herz für sie öffnen und verstehen, warum sie nicht anders konnten." Du würdest in diesem Moment mit hoher Wahrscheinlichkeit viel Mitgefühl für die kleinen Kinder oder jungen Erwachsenen, die deine Eltern waren, empfinden, weil ihre Eltern es auch nicht anders gelernt haben. Ein unglücklicher Vater oder eine unglückliche Mutter wird kaum dazu in der Lage sein, ihren Kindern eine Anleitung zu einem glücklichen Leben zu geben.

Wir passen uns an, um akzeptiert zu werden

Aufgrund negativer Rückmeldungen unserer Eltern, Lehrer und anderen Menschen, beginnen wir schon früh uns selbst zu verurteilen und abzulehnen. Mit Aufmerksamkeitsstrategien versuchen wir den Erwartungen im Außen gerecht zu werden und ein Mindestmaß an Liebe und Anerkennung zu bekommen.

Meine wichtigste Strategie war die Anpassung – immer lieb, brav und nett zu sein, auch wenn ich mich nicht danach fühlte. Neben meinen zwei Geschwistern, die eher die Rolle der Rebellen übernommen haben, war es für mich überlebenswichtig, die Brave, Gehorsame und Helfende zu sein, da ich gesehen habe, wie schwer es meine Eltern oft mit zwei Rebellen hatten. Ich spielte auch oft die Rolle der Überlustigen, um für gute Stimmung zu sorgen und Harmonie herzustellen. Streit meiner Eltern sorgte dafür, dass ich erstarrte und sich alles in mir zusammenzog. Ein Kind möchte natürlich in einem möglichst harmonischen und positiven Umfeld groß werden. Auch „Helfen" war eine Aufmerksamkeitsstrategie von mir. Wenn es Papa oder vor allem Mama nicht gut ging, fühlte ich mich verantwortlich, es wiedergutzumachen.

Alle Anteile wollen uns beschützen

Meine Rolle der Harmoniebedürftigen wollte ich lange aufrechterhalten, weil Streit in meiner Familie mir unheimliche Angst machte. Durch das rebellische Verhalten meiner Schwester kam es des Öfteren zu Streitigkeiten meiner Eltern, weil sie furchtbare Angst vor Sorge hatten. Diese Aufregung sorgte dafür, dass mein Papa Herzstechen hatte und ich mit ansehen musste, wie er sich hilflos die Hand auf seine Brust legte und Mama ihn wieder beruhigen musste. Die kleine 6-jährige Andrea, die damals wie erstarrt war, hatte Angst, dass Papa sterben könnte. Ich denke, es erklärt sich von selbst, warum ich diese überlebenswichtige Rolle der angepassten und harmoniebedürftigen Perfektionistin übernommen habe. Alle Anteile in uns wollen uns nur beschützen, um nie wieder auch nur annähernd so eine Verletzung nochmal erfahren zu müssen.

Versteht mich nicht falsch, ich wäre vermutlich so oder so kein wilder „Partytiger" gewesen. Gemütliche Filmeabende fand ich weitaus interessanter, als mich bei Partys zu betrinken. Obwohl es somit schwieriger war, einen richtigen Gruppenanschluss zu finden, bin ich heute stolz darauf, dass ich nicht mit dem Strom geschwommen bin. Meiner Energie entsprach es, am Wochenende Bücher zu lesen oder bis in die Nacht in meinem Zimmer zu singen.

Wer möchte ich sein?

Wer soll sich schon mit 14 Jahren über seinen zukünftigen Lebensweg entscheiden können? Wie soll das funktionieren, wenn man in der Schule nichts über sein Innenleben gelehrt bekommt? Wir lernen weder, wie wir mit unseren „unangenehmen" Gefühlen umgehen, noch wie wir seelischen Schmerz verwandeln können, um ein gesundes, glückliches Leben zu führen. Wir haben keine Chance, wirklich unsere Stärken herauszufinden, um unser Potenzial zu leben. Vom Manifestieren und den unendlichen Möglichkeiten, die es gibt, brauche ich gar nicht erst anfangen. So viele Jahre werden wir ausgebildet, doch keiner lernt uns, wie wichtig es ist, uns selbst zu lieben.

Die Wirtschaftsschule in meinem Heimatort besuchte ich nur deshalb, weil meine beste Freundin dorthin wollte und ich mit 14 Jahren großen Respekt davor hatte, eine längere Strecke „alleine" auf mich zu nehmen, um eine kreativere Richtung als Buchhaltung, Betriebswirtschaftslehre und Wirtschaftsinformatik, einzuschlagen. Im Endeffekt trennten sich unsere freundschaftlichen Wege, als sie ihren ersten Freund fand. Was für ein großer Schmerz das für die 15-jährige Version von mir nur war. Jahrelang war es unglaublich schwierig für mich, das richtige Umfeld für mich zu finden. Auch ich fand wenig später meinen ersten Freund, mit welchem ich ungefähr zwei Jahre zusammen war. Als wirklich gesunde Beziehung würde ich es nachträglich nicht bezeichnen, aber zum damaligen Zeitpunkt wahrscheinlich nur die logische Konsequenz meines niedrigen Selbstwertgefühls.

Diese emotionale Achterbahnfahrt und der Schulstress führten zu chronischen Magenschmerzen, Herzrasen und übermäßigem Schwitzen. Natürlich wäre es im Grunde besser gewesen, eine andere – für mich bestimmte – Schule zu finden, aber heute weiß ich, dass alles seinen Sinn hatte. Obwohl ich mich unglaublich danach sehnte, wieder meine Kreativität ausleben zu können, anstatt Kontoeingänge zu verbuchen, bin ich davon überzeugt, dass es sogar die richtige Schule für mich war. Denn all der Schmerz, der mich in dieser Zeit geprägt hat, hat mich unglaublich stark gemacht. So wusste ich also, dass ich mit all den schulischen Anforderungen umgehen konnte, obwohl es überhaupt nicht meinen Fähigkeiten entsprach.

Das Schönste in dieser Zeit war, dass ich ein Jahr vor meinem Abschluss – mit gerade mal 18 Jahren – plötzlich meinen Seelenpartner fand. Wir begegneten uns auf dem Grundstück meiner Schwester und ihres Freundes, wo er immer fleißig mitgeholfen hat, als sie sich ihren Wunsch vom Traumhaus erfüllten. Ich habe mich direkt in seine positive Ausstrahlung und seinen Humor verliebt. Und auch Hans war im Glück ;-). Er war damals 22, hat die gleiche Schule wie ich absolviert – nur schon 4 Jahre zuvor und sogar mit Auszeichnung. So kam es dazu, dass er mit mir für alle Abschlussprüfungen gelernt hatte, die ich dank seiner Unterstützung und Liebe auch geschafft habe. Ich bin ja überzeugt, das Universum hat ihn mir zum richtigen Zeitpunkt geschickt und auch heute noch spüren wir es – wir sind füreinander bestimmt.

Tschüss, Schwere! Hallo, Schwere?

Da war sie wieder, diese Schwere. Dieser Druck, der auf mir lastete. Mein erstes Jahr im Lehramtsstudium war ganz okay, aber irgendwie nicht das, was ich mir erhofft habe. Pädagogin zu sein, war nach der Wirtschaftsschule noch das eheste, was ich mir mit meiner kreativen und einfühlsamen Art vorstellen konnte. Meine Ablehnung gegen das Schulsystem, das, trotz ständiger Neuerungen, gefühlt seit dem 18. Jahrhundert gleich ist, zeigte sich schnell.

In dieser Zeit zog ich auch gemeinsam mit meinen Eltern um. Mein Wohnort blieb zwar der gleiche, aber es ging für uns aus unserem viel zu großen Haus in ein kleineres Reihenhaus, in dem ich mich zu keinem Zeitpunkt zuhause fühlte. Wenig später waren meine Eltern nicht sicher, ob sie ihren Weg noch gemeinsam gehen wollen oder nicht. Ich hatte plötzlich das Gefühl, zwischen beiden zu stehen und keinem wirklich nahe zu sein. Sie hatten in diesem Jahr mit schwierigen Phasen zu kämpfen und mussten sich selbst erst wieder finden.

Als wäre das nicht schon genug, kam es wenig später – kurz vor meinem 20. Geburtstag – auch noch zu einem Kontaktabbruch zwischen mir und meiner Schwester. Man könnte sagen, wir hatten beide andere Prioritäten. Weil ich mich damals nicht sehr wichtig nahm, plante ich – wie jedes Jahr zur selben Uhrzeit – einen gewöhnlichen Kaffee-Nachmittag bei meinen Eltern. Als in mir dann der Wunsch nach einem für mich besonderem Geburtstagsprogramm, in Form eines Mittagessens, hochkam, änderte ich also meine Meinung. Meine Schwester machte sehr deutlich, dass sie nicht vorhatte, ihre Pläne für mich umzukrempeln, was mich traurig und zugleich wütend machte. Meine klare Meinung hielt ich nicht vor ihr geheim, was dazu führte, dass ich Ablehnung durch sie erfuhr. In weiterer Folge kam es dann zu einigen, teils kleineren, teilweise auch größeren Konflikten, deren Details ich euch an dieser Stelle ersparen möchte.

In Wirklichkeit brachte dieser Zeitpunkt einfach alle unterdrückte Energie zum Vorschein. Alles Ungesagte, alle Wut, alle Traurigkeit und Eifersucht kamen an die Oberfläche. Geschwister konkurrieren vom ersten Augenblick an um die Aufmerksamkeit der Eltern, was viel Eifersucht und Neid gerade auf das jüngste Geschwisterchen mit sich bringt.

Die brave Andrea, die immer zu allem nur JA und AMEN sagte, scheiterte plötzlich darin, Harmonie zu bewahren. Mein Bild der heilen Familie zerbrach in tausend Teile. Die Menschen, die früher jeden Sonntag im gemütlichen Wintergarten an einem Tisch frühstückten, fielen auseinander. Es gab kein WIR mehr. Die Wege trennten sich und jeder ging seine Richtung. Das innere Kind in mir litt unglaublich in dieser Zeit. Ich weiß nicht, wie ich diese Zeit ohne meinen Freund überstanden hätte. Er war der einzige Anker, den ich hatte.

Mein Nervensystem war jahrelang dauerhaft überlastet. Ich war ständig erschöpft, hatte oft mit Halsschmerzen und Kehlkopfentzündungen zu kämpfen und litt an chronischen Unterleibsbeschwerden, für die es keine ärztlichen Erklärungen gab. „Das kann alles nur mehr psychisch sein. Ich kann Ihnen da nicht mehr helfen." Nach dieser Aussage meiner Frauenärztin war ich mit meinen Nerven am Ende. „Ich bin also das Problem und niemand kann mir mehr helfen", dachte ich.

Nach jedem Tief kommt ein Hoch

Es war Anfang des Jahres 2020. Ich saß in meinem Bett und verfang mich im Gedankenchaos. In mir fühlte ich eine Zerrissenheit. Soll ich das Studium wirklich weiter machen? Schreibe ich meiner Schwester einen emotionalen Brief? Diese und viele weitere Fragen gingen mir in dieser schwierigen Zeit durch den Kopf.

Zu dieser Zeit waren meine Eltern große Fans von Pierre Franckh und seinen Büchern, die zu einem positiven Lebensstil verhelfen. Meine Mama hatte den Wunsch, das Seminar *Lebensziele visualisieren und Visionen leben* zu buchen, das er zusammen mit seiner Frau Michaela Merten veranstaltete. „Komm doch mit, das würde dir guttun", meinte sie in der Hoffnung, dass ich zusage. Zuerst war ich sehr skeptisch, weil ich davon überzeugt war, dass mich keiner aus meinem Loch rauslocken kann, doch dann habe ich kurzerhand beschlossen, einfach mitzufahren und mich überraschen zu lassen. Es war mein erstes Live-Event über Persönlichkeitsentwicklung und Spiritualität. Die positive Ausstrahlung der beiden Coaches hat mich direkt angesteckt und die Inhalte fand ich so interessant, dass ich mit dem Schreiben nicht mehr mitkam. Ich habe zum ersten Mal von dem Gesetz der Resonanz gehört und gelernt, dass all das, was du mit deinem Denken, Fühlen und Tun in das Universum aussendest, auch wieder zu dir zurückkommt. Wenn du dich selbst großartig findest, strahlst du dieses Selbstvertrauen auch aus und ziehst positive Menschen mit ähnlichem Selbstbild und Mindset in dein Leben. Genauso funktioniert es natürlich auch umgekehrt. Ich war richtig begeistert von diesem Wochenende. So begeistert, dass ich beschlossen habe, die Seminarreihe neben meinem Studium weiterzumachen und Visionscoach zu werden. Ich durfte endlich wieder etwas Sinnvolles lernen, das mich bereicherte. Das war ein tolles Gefühl.

Der Beginn meiner inneren Transformation

Dass all meine Gefühle richtig und wichtig sind, durfte ich im Sommer 2020 auf der Transformationswoche bei Robert Betz erfahren. Aufgrund meiner chronischen, körperlichen Beschwerden und meinen seelischen Schmerz entschied ich mich, diese innere Reise gemeinsam mit meiner Mama anzutreten. Dank ihrer Begeisterung von seinen Büchern und seiner humorvollen, positiven Energie, durfte ich von seiner lebensverändernden Arbeit der Transformationstherapie erfahren.

„Alles in mir darf da sein."

Dieser Satz veränderte mein Leben. In dieser Woche begegnete ich zum ersten Mal meinem inneren verletzten Kind. Das bewusste Fühlen all der Schwere, Druck und Trauer brachte einiges in Gang und befreite mich sehr. Meine erste Einzelsitzung mit einem Transformations-Coach zeigte mir meine große Beschützer-Rolle für meine Eltern auf, die sich körperlich mit Schwere, Enge und angestauter Wut bemerkbar machte. Noch während dieser Woche sagte ich zu meiner Mama: „Genau das möchte ich auch machen." Ich war überzeugt davon, meine Herzensberufung gefunden zu haben. Mit der finanziellen Unterstützung meiner Eltern und meines Freundes wurde mein Traum wahr. Als jüngstes Transformationsküken – wie Pat, meine liebe Ausbildnerin sagte – startete ich zwei Jahre später den Weg der Transformationstherapie. Diese begann im Sommer 2022 mit einem persönlichen Prozess, bei dem wir uns über 5 Monate lang ganz intensiv mit unserem Inneren beschäftigten. Wir lernten, unsere Verletzungen zu heilen, indem wir unserem inneren Kind all das schenkten, was es damals so sehr brauchte.

Während meiner Ausbildung durfte ich als selbstständige, virtuelle Assistentin Content für Coaches gestalten. Mit meinem erlernten Wissen habe ich nebenbei kostenlose Sitzungen zum Thema Innere-Kind-Heilung und Chakren gegeben, was mich sehr erfüllte.

Die Nacht, die alles für mich veränderte

Als wir endlich von den anstrengenden Weihnachtsbesuchen zuhause ankamen, fühlte ich mich plötzlich total erschöpft und hatte kaum Energie zu sprechen. Also machte ich mir mal eine Tasse und machte es mir auf der Couch im Wohnzimmer gemütlich. Ich war irgendwie von mir selbst enttäuscht, weil ich keine richtige Freude auf unseren Urlaub verspürte. Normalerweise war ich den Abend davor immer richtig aufgeregt und glücklich, weil sich der Aufenthalt in unserer Lieblingstherme immer anfühlt wie Nachhausekommen. Doch an diesem Abend war es anders. In meinem Kopf bin ich gewisse Gespräche und Situationen nochmal durchgegangen und war einfach genervt davon, dass diese Weihnachtsbesuche jedes Jahr gleich verliefen. „Warum kann nicht alles einmal gut laufen?“, dachte ich. Lautes Kindergeschrei, oberflächliche Kreuzgespräche am Tisch, viel zu laute Musik im Hintergrund und Anspannungen, die nicht nur Sensibelchen wahrnehmen.

Ein paar Sachen gehörten noch in den Koffer, der geöffnet neben mir lag, doch ich konnte mich nicht aufraffen. Daher unterstütze mich Hans dabei, meinen Koffer fertigzupacken. Als ich ins Bad ging und mich im Spiegel betrachtete, fühlte ich eine beängstigende Leere in mir. Es war wie eine Kombination tiefer Trauer und innerer Leere, mit der ich nichts anfangen konnte. Nach einer heißen Dusche nahm ich meinen Tee und legte mich ins warme Bett. Ich war hundemüde, fühlte mich innerlich jedoch etwas aufgewühlt. So als hätte ich keine und zugleich zu viel Energie in mir, die nicht wusste wohin. Mein Freund checkte nochmal, ob wir ja nichts vergessen hatten, während ich schon langsam meine Augen schloss und ins Land der Träume verschwand. Doch was wenig später passierte, war wie ein Albtraum.

Der Moment, der alles veränderte

Keine 3 Stunden später wachte ich schweißgebadet auf. Meine Hände waren klatschnass und doch ganz kalt. Ich fühlte den kalten Schweiß auf meinen Handflächen und bemerkte dann, wie schnell mein Herz raste. Wie versteinert blieb ich seitlich liegen und versuchte ruhig zu atmen und schnell wieder einzuschlafen. Doch plötzlich war da eine Übelkeit, die mich zwang, meine Position zu verändern. Ganz langsam versuchte ich mich aufzusetzen. Ich hatte Angst davor, mich übergeben zu müssen. Mein Kopf dröhnte und mein Herzschlag erhöhte sich. Ich wusste überhaupt nicht, was da in mir vor sich ging. Mein ganzer Körper begann zu zittern und ich hatte keine Kontrolle mehr über meine Beine. Es waren vielleicht erst 10 Minuten vergangen, die sich für mich wie eine halbe Ewigkeit anfühlten. Mein Freund schlief so tief und fest, dass er nichts davon mitbekam. In diesem Schockzustand schaffte ich es nicht, ihn auf mich aufmerksam zu machen. Mir war heiß und kalt zugleich. Ich wollte einfach, dass dieser Albtraum endlich aufhört. Mein Herz schlug mir bis zum Hals und ich hatte langsam das Gefühl, nicht mehr atmen zu können. Meine Angst wurde größer und größer. Alles in mir vibrierte und bebte. Ich hatte Angst zu sterben. „Jeden Moment könnte es vorbei sein", war mein Gedanke in diesem Moment. Ich blickte zum Fenster hinaus und bat eine höhere Kraft verzweifelt um Hilfe. In meinem Kopf malte ich mir aus, wie mein Freund reagieren würde, wenn ich ihn gleich wecken würde. Ich sah mich schon in einem Rettungswagen liegen und gleichzeitig hatte ich Angst, dass ich es nicht mal bis dahin schaffen würde. Tränen liefen mir übers Gesicht. Als sich mein Freund durch sanfte Berührungen von mir erhob, sah er mich erschrocken an. Ich murmelte vor mich hin, dass ich dringend Wasser und einen Kaugummi gegen die Übelkeit brauchte. Er öffnete das Fenster, befreite mich aus dem dicken Winter-Jumpsuit und half mir einen angenehmeren Pyjama hinein. Gemeinsam saßen wir im Bett, er hielt mich fest. Die Tatsache, dass ich nicht mehr alleine war, schenkte mir ein kleines bisschen Ruhe und Sicherheit. Hilflos und besorgt sah er mich an, weil ich zitternd und weinend dasaß und kein Wort rausbekam. Verzweifelt suchte Hans nach einer Antwort für meinen Zustand und meinte, vielleicht hätte ich nur etwas Schlechtes gegessen. Ich versuchte ganz ruhig und tief zu atmen, um meinen Herzschlag wieder zu beruhigen. Die frische, kühle Luft tat sehr gut, obwohl mir schon langsam kalt war.

Mittlerweile wusste ich, was mit mir los war. All das Hintergrundwissen, dass ich bereits aus verschiedenen Büchern, Kursen und Interviews hatte, fügte sich plötzlich zusammen. Ich hatte eine Panikattacke. Es fühlte sich so an, als würde alleine das Wort „Panikattacke" eine weitere in mir auslösen, deshalb konnte ich es nicht aussprechen. Während sich mein Körper langsam beruhigte, versuchte ich mich wieder vorsichtig hinzulegen. Mit jedem Atemzug nahm ich ein Stechen im Herzen wahr, was mich sehr beunruhigte. Eine leise Stimme in mir sagte, dass alles gut ist und der Schmerz vorbeigehen wird. Dieses heftige Erlebnis dauerte ungefähr 30–40 Minuten. Jeder, der das schon mal so erlebt hat, weiß, dass es einem vom Gefühl her viel länger vorkommt. Es war das Schlimmste, was ich je fühlen musste. So als würde meine Seele jede Verletzung nochmal durchleben.

An erster Stelle bin ich Mensch
So lautete der Buchtitel der lieben Sängerin Mandy Capristo, welches ich im Urlaub las. Im Urlaub hatte ich nicht nur Zeit, mein Nervensystem mal wieder zu entspannen, sondern viel Zeit nachzudenken. Dass das Buch mich zum richtigen Zeitpunkt gefunden hat, wusste ich in dem Moment, als Mandy von ihrer ersten heftigen Panikattacke im Aufzug schrieb, die ihr Leben auf den Kopf stellte. Beim Lesen dieser Erzählung kamen mir die Tränen, weil ich nie gedacht hätte, dass auch ich das mal erleben würde. Ich fühlte mich verstanden und gewann neue Erkenntnisse. Mir war klar, ich müsste etwas in meinem Leben ändern. Ich wusste noch nicht wie, aber so wie bisher konnte es nicht mehr weitergehen.

Das Stechen in meinem Herzen war nach meiner ersten Panikattacke ein langer Begleiter, weshalb ich mich nur schwer auf andere Dinge konzentrieren konnte. Als ich wieder vom Urlaub zuhause war, bekam ich energetische Hilfe einer lieben Freundin und Kollegin, die mit mir den Healing Code durchführte, um meine unangenehmen Angstsymptome zu lindern.

Erkenntnis braucht immer Erfahrung
Wenige Zeit später kamen weitere Panikattacken, die sich jedoch in einer deutlich leichteren Form zeigten. Ich nahm mir vor, den ganzen Januar nicht zu arbeiten und weitere Transformations-Sitzungen zu nehmen, um meine Verletzungen heilen zu können. Im Gegensatz zur bekannten Psychotherapie geht es bei der Transformationstherapie darum, seine Themen fühlend, also auf energetischer Ebene, tiefgreifend zu heilen. Dabei geht es darum, all das zu fühlen, was jahrelang unterdrückt wurde. Durch das In-Kontakt-Treten mit deinem inneren Kind gelingt es dir, alte Gedanken, Glaubenssätze und unangenehme Gefühle zu verwandeln.

Meine körperliche Schwäche zwang mich, einige Gänge runterzuschalten, was mir ganz viel Achtsamkeit und Dankbarkeit für die kleinsten Dinge schenkte. Ein heißes Bad, ein Spaziergang in der Natur oder das gesunde Essen am Teller erlebte ich in einer ganz neuen Form. Täglich nahm ich mir die Zeit für entspannte Yin-Yoga- und Stretching-Einheiten, bei denen ich mich ganz mit meiner Seele verbunden fühlte. Bei meiner ersten Yogapraxis kamen mir die Tränen, weil ich so viel Mitgefühl für mich empfand und mir selbst dankbar für diese Selbstliebemomente war. Meditationen und Bücher waren weiterhin ein bereichernder Teil meines Alltags. Hypnosen halfen mir, besser einzuschlafen und mein Unterbewusstsein auf Gesundheit, Liebe und Fülle auszurichten. Mein lieber Freund war –

wie immer – eine unglaubliche Stütze für mich und kümmerte sich liebevoll um mich.

Das Leben macht keine Fehler

All das musste passieren, damit ich mich wieder selbst spüre und mich endlich wichtig nehme. So lange habe ich alles für die Harmonie im Außen getan und dabei nicht bemerkt, wie disharmonisch es in Wahrheit tief in mir aussah. Mein inneres Kind schrie verzweifelt nach mir, weil es überfordert, ängstlich und traurig war. Die kleine Andrea war immer noch im Glauben, sie müsste die Erwartungen anderer weiterhin erfüllen, damit sich alle lieb haben. Mein ganzes inneres System war komplett überlastet von den vielen Jahren, in denen ich ständig im Überlebensmodus gefangen war, weil ich lange Zeit gegen meine Bedürfnisse gehandelt habe. Wenn es NEIN in mir schrie, überging ich es, weil ich zu große Angst davor hatte, nicht geliebt zu werden. Dabei habe ich fast jeden Menschen in meinem Umfeld unbewusst auf ein Treppchen gesetzt und mich angepasst verhalten, damit es ja recht harmonisch bleibt. Ich habe mein Leben also zum Großteil aus meinem kleinen, verletzten Kind gelebt. Erst im Nachhinein wurde mir bewusst, dass sich mein ängstliches inneres Kind in verschiedensten Situationen durch Kälte und Zittern bemerkbar machte. Auch Kieferspannungen, Herzrasen und übermäßiges Schwitzen zählten zu den Angstsymptomen, die ich immer wieder hatte.

Der Vertrag mit mir selbst

Dieser Weckruf sorgte dafür, dass ich begann, mich selbst an erste Stelle zu setzen. In einem handgeschriebenen Vertrag versprach ich mir ab diesem Tag an immer gut für mich zu sorgen, mir Zeit für Ruhephasen zu nehmen und meine Bedürfnisse zu erfüllen. Ich wollte endlich lernen mir selbst eine beste Freundin zu sein, für mich einzustehen, Grenzen zu setzen und Nein zu sagen, wenn sich etwas nicht stimmig für mich anfühlt.

Verletzte Menschen verletzen Menschen

Spätestens als meine Geschwister von meinem Zustand erfuhren, kam mein verletztes inneres Kind in mir hoch. Ich erwartete schockierte Blicke, ein „Ich bin immer für dich da“ oder Fragen wie „Was brauchst du jetzt und was kann ich für dich tun?“ Es kam nichts dergleichen, was mich zutiefst verletzte. Ich weinte mir die Seele aus dem Leib, weil ich da erst fühlend verstand, dass ich all die Liebe und Anerkennung, die ich mir immer so sehr von ihnen wünschte, nie in dieser Form bekommen werde. Heute weiß ich, dass jeder Mensch mich nur so behandeln kann, wie er sich in seinem Inneren fühlt. Wenn jemand sich selbst mit seinen Gefühlen nicht ernst nimmt, wie soll er dann die Gefühlslagen anderer ernst nehmen?

Innere-Kind-Heilung als Schlüssel zur Selbstliebe

All die Krisen, die ich durchlebte, enthielten in Wahrheit das einzigartige Geschenk der Selbstliebe. Als ich wieder in Verbindung mit der kleinen Andrea in mir kam, erkannte ich, wie verletzt, traurig und überfordert sie war und wie sehr sie mich als Erwachsene brauchte. Mit jeder emotionalen Reise öffnete ich mehr und mehr mein Herz für die Kleine in mir und schenkte ihr selbst die Liebe und Anerkennung, die ich so lange im Außen suchte. Ich durfte mir selbst und vielen Menschen vergeben und mich frei machen von den Erwartungen anderer. Meine Gefühle drücke ich nicht mehr einfach weg, denn sie sind ein Teil von mir, um den ich mich liebevoll kümmere. Emotionen anderer Menschen beeinflussen mich nicht mehr so wie früher, weil ich gelernt habe, ganz bei mir zu bleiben.

Harmonie in mir

Ich bin unglaublich dankbar für meine Panikattacken, denn sie haben mich gelehrt, mich wahrhaftig lieben zu lernen und mich als wichtigsten Menschen in meinem Leben anzuerkennen. Den Vertrag, den ich mit mir selbst vereinbart habe, nahm ich sehr ernst. Grenzen setzen und für meine Bedürfnisse einzustehen war für mich das Schwierigste überhaupt und, glaube mir, noch heute zählt es nicht zu meiner größten Stärke, weil ich ein unglaublich empathischer und sensibler Mensch bin. Auch wenn es in der Persönlichkeitsentwicklung manchmal oft so rüberkommt, geht es schließlich nicht um einen Wettbewerb, wer besser Grenzen setzen oder sich selbst mehr lieben kann. Es ist ein Prozess, indem du ganz liebevoll und geduldig mit dir sein darfst. Komische Blicke und herablassende Bemerkungen aus deinem Umfeld dürfen dich in deiner Entwicklung nicht ausbremsen. Ein Satz, den ich mir da immer vor Augen führe, ist: „Ich mache das nicht gegen dich, sondern für mich."

Heute nehme ich meine Bedürfnisse wahr und kommuniziere sie, weil ich meine Werte kenne. Wenn Hans einen Freund zu uns in die Wohnung einladen möchte und ich mich gedanklich schon in meinem gemütlichen Outfit auf der Yogamatte sehe, sage ich bewusst: „Das passt heute nicht für mich." Genauso, wenn meine Eltern oder Freunde mich einladen und ich mich nicht danach fühle. Einer meiner größten Werte ist Ruhe und Zeit für mich, denn gerade als hochsensibler Mensch tanke ich so meine

Energie. Wenn mir die Kraft für ein Familientreffen fehlt, sage ich ab oder gehe nachhause, bevor es mir zu viel wird. Weihnachtsbesuche wurden seit meiner Panikattacke auf ein Minimum reduziert und meine letzten Geburtstage habe ich endlich nach meinen Vorlieben gestaltet – nämlich Wellnessurlaube mit Hans oder in einem Urlaubshäuschen mitten in der Natur. Meine Zeit für mich gestalte ich auch gerne im Einklang mit meiner kleinen Andrea, indem ich mit einer heißen Schokolade Disneyfilme schaue. Ich liebe es, mir mein Leben zu romantisieren und jeden Moment möglichst achtsam zu genießen. Hintergrundmusik und Duft von ätherischen Ölen beim Lesen, Kerzen bei einem heißen Bad und Podcasts beim Kochen verschönern meinen Alltag. Pizza- oder Sushi-Dates auf der Couch zählen zu unseren Beziehungs-Pflichtterminen. Zu meinen Seelenritualen zählen beispielsweise das Gedankenaufschreiben in schönen Notizbüchern, Orakelkarten ziehen, Räuchern, Meditieren sowie die Anwendung von Kristallen und Heilsteinen. Yogaeinheiten, Workouts und Naturspaziergänge stehen wöchentlich auf dem Soul-Programm.

Die Reise zu deiner inneren Harmonie

Der erste Schlüssel, um Harmonie in dir zu schaffen, liegt darin, die Aufmerksamkeit von außen wieder auf dich zu richten. Du kannst dir das bildlich vorstellen, indem du eine Transformations-Taschenlampe von den anderen – ganz egal ob Familie, Freunde oder Arbeitskollegen – immer wieder zu dir selbst drehst. Alles, was du in dir veränderst, wird sich ganz automatisch im Außen ändern.

Indem du den Fokus wieder auf dich lenkst, kannst du auch dein Innenleben mit all deinen Emotionen, Gedanken und inneren Anteilen wieder wahrnehmen. Du bist Beobachterin deines Körpers – deines Wunderwerks – und lässt alle angestaute Energie in dir durch deinen Atem wieder Fließen. Durch das Fühlen und das Ja zu dem, was sich in dir zeigt, wirst du all deine körperlichen Empfindungen wie Schwere, Druck oder Kälte als auch deine angestauten Emotionen wie Schuld, Scham oder Wut lösen und in Freude verwandeln können. Dein inneres Kind hat damals einen unglaublich tollen Job geleistet, indem es alle Emotionen unterdrückt hat. Du darfst heute wieder Kontakt zu der kleinen Version in dir aufnehmen und ihr sagen, dass du gemeinsam mit ihr fühlst und nie wieder von ihrer Seite weichst.

All das, was dir heute im Außen widerfährt und Emotionen wie Wut, Traurigkeit, Scham etc. in dir auslöst, ist eine Wiederholung aus deiner

Kindheit, denn genau da liegt der Ursprung und somit deine Heilungsquelle.

Du wirst Versionen von dir kennenlernen, die Angst haben und die mutig sind. Die Liebe verschenken, doch auch ihr Herz verschließen und Hass verspüren. Du wirst staunen über die Dankbarkeit und Freude, die du einst gefühlt hast und dich gleichzeitig in tiefer Trauer wiederfinden. Wir leben in einer polaren Welt, was bedeutet, dass alle Versionen in uns existieren und wir alle Facetten in uns tragen. Mal sind wir laut, mal sind wir leise. Mal fühlen wir uns stark und mal schwach. Wir leben in einem Universum und sind gleichzeitig das Universum selbst. Um tiefe Selbstliebe und Harmonie zu spüren, darfst du dein inneres Universum mit all deinen Versionen kennen und dich selbst lieben lernen. Wem Mut und Vertrauen fehlt, der darf sich seinen Ängsten widmen. Wünschst du dir mehr Selbstvertrauen, so darfst du dich und deine Unsicherheiten kennenlernen. Und dies bedeutet keinesfalls, dass wir durch all die schmerzhaften Situationen wandern und danach nie wieder Zweifel, Ängste oder Trauer verspüren. Wir pendeln von der Angst hin zu Liebe, von der Trauer hin zur Freude und auch umgekehrt. Das ist, worum es im Leben geht. Du erinnerst dich, unsere Seele möchte die gesamte Gefühlspalette auf der Erde durchleben, weil es ihr Wunsch ist, menschliche Erfahrungen zu machen.

Bei der Inneren-Kind-Heilung geht es darum, dein Herz für die jüngeren Versionen zu öffnen und ihnen genau das zu geben, was ihnen damals so gefehlt hat. Das innere Kind ist wie eine Narbe. Indem du dich liebevoll um sie kümmerst und sie pflegst, wird sie sanfter und weicher, doch sie wird nie ganz verschwinden. Es geht in Wahrheit darum, vollständig zu werden und damit einverstanden zu sein, dass du auch verletzlich, ängstlich, verloren und wütend bist und nichts dagegen tun musst! Es geht also nicht um das Wegmachen, sondern um das Integrieren. Du kannst dir das bildlich so vorstellen, als würden wir unsere Anteile wie ein Puzzleteil ins Herz nehmen.

Das verletzte innere Kind steuert unser Erwachsenenleben

Da wir nie gelernt haben, mit unseren Gefühlen umzugehen, leben wir unser Erwachsenenleben häufig in der Energie des traurigen, wütenden, ängstlichen Kindes. Je verletzter, einsamer und überforderter dein inneres Kind ist, desto stärker ist auch sein unbewusster Einfluss auf das Erwachsenendasein. Deshalb ist es so wichtig, dich selbst dabei zu beobachten, wie du auf bestimmte Situationen und Menschen reagierst. Alles, was dich stört, hat nämlich wenig mit dem anderen und viel mehr mit dir zu tun. Alles, was dich trifft, betrifft dich auch. Durch das Wegdrücken unserer Gefühle entstehen Blockaden in unserem feinstofflichen Energiekörper, weil diese Energie nicht fließen kann. Deshalb haben so viele Menschen mit verschiedensten körperlichen Symptomen und Krankheiten zu kämpfen. Durch das Verdrängen und Ablenken erzeugen wir niedrigschwingende Energien wie Unfrieden, Ohnmacht, Unzufriedenheit oder Hass in uns.

So entsteht Harmonie in dir

Wenn deine Seele in Balance ist, kannst du dein Leben in vollen Zügen genießen. Harmonie entsteht, wenn du deine verletzten inneren Anteile liebevoll annimmst und integrierst, also all deine Emotionen und damit einhergehende Körperempfindungen bejahend fühlst. Innerer Frieden entsteht, indem du dir selbst und Anderen vergibst und wieder dein Herz für die Liebe in dir und Anderen öffnest. Du spürst inneres Gleichgewicht, wenn du auf deine Intuition hörst und das tust, was dein Herz zum Singen bringt.

Genau das ist die Essenz meiner Arbeit, mit der ich schon viele Seelen bereichern durfte. Mithilfe der wundervollen Transformationstherapie darf ich heute feinfühlige Menschen dabei begleiten, ihre emotionalen Verletzungen zu heilen und sich mit all ihren Facetten selbst lieben zu lernen.

Harmonie im Innen erschafft Harmonie im Außen

Wir denken, wir würden Harmonie und Frieden bewahren, indem wir uns genau so verhalten, wie andere es von uns erwarten. Doch den Frieden, den wir dabei in Wahrheit zerstören, ist der in uns selbst. Alles, was du in dir verwandelst, zeigt sich auch als Veränderung im Außen. Seitdem ich meinen Heilungsweg gehe, präsentiert sich das Leben in den schönsten und spannendsten Facetten. Viele meiner Freundschaften gingen zu Ende, was mir jedoch besondere Herzensmenschen – sogar hochsensible Gleichgesinnte – in mein Leben brachte. Mein großer Wunsch Autorin zu werden, hat sich erfüllt. Da du dieses Buch in deinen Händen halten und meine Geschichte lesen kannst, bist du Zeuge dieser Manifestation. Es ist unglaublich schön, so wundervolle Menschen in meinem Leben zu haben, die mich lieben und unterstützen. Noch schöner ist jedoch die Liebe, die ich für mich selbst empfinde.

Du bist der wichtigste Mensch in deinem Leben
Ich wünsche mir für dich, dass du dich als wichtigsten Menschen in deinem Leben wahrnimmst und zu tiefer Selbstliebe gelangst. Und während ich diese Zeilen schreibe, bin ich ganz gerührt, weil ich mir nie gedacht hätte, dass ich mal von mir behaupten würde, dass ich mich selbst liebe und überaus stolz auf mich bin. Im Leben geht es nicht darum, immer mit dir im Reinen zu sein. Gerade in den schwierigen Zeiten darfst du besonders liebevoll und fürsorglich mit dir sein.

Schenk dir selbst die Liebe, die du verdienst und sei es dir selbst wert, Harmonie in dir zu schaffen! *Worauf wartest du noch?*

ANJA HELMING

COACH FÜR FINANZIELLE BILDUNG

Mein Name ist Anja Helming und ich bin Finanzcoach für Frauen und Mütter. Mit Leidenschaft und Expertise unterstütze ich Frauen dabei, ihre finanzielle Unabhängigkeit und Sicherheit zu erreichen. Mein Ziel ist es, Frauen in ihre finanzielle Bestform zu bringen und ihnen das Wissen und die Werkzeuge zu vermitteln, die sie für eine erfolgreiche finanzielle Zukunft benötigen.

Mehr über mich und meine Arbeit unter
www.anja-helming.de

The Oyster

von Anja Helming

Anja liegt auf einer Wiese. In ihrer Sonnenbrille spiegelt sich zu ihrer Linken eine gigantische Brücke und blickt sie nach rechts, spiegelt sich dort ein weißes architektonisches Gebäude. Sie genießt die warme Frühlingssonne, die Geräusche und die Stimmung. Mit dieser Reise erfüllte sie sich einen ihrer größten Träume. Es ist so unglaublich. Sie ist in Australien, sie ist in Sydney.

Es gibt keine Stadt in dieser Größe, die so entspannt ist, die so einen hohen Freizeitwert hat. Während sie einfach daliegt und den Augenblick genießt, füllen sich ihre Augen mit Tränen.

Sie ist eine Frau, die voller Neugier und Träume steckt, aber dennoch hatte sie bisher noch nie die Möglichkeit gehabt, etwas so Großes zu unternehmen.

Die wellenförmigen, weißen Dächer schienen fast mit den funkelnden Wellen des Hafens zu verschmelzen. Es ist so, als würde die Zeit stillstehen, während sie das majestätische Bauwerk betrachtete. Es fühlte sich an, als würde das Opera House sie direkt in ihrem Innersten berühren und eine emotionale Seite in ihr zum Klingen bringen. Für Anja gibt es kein schöneres Gebäude.

Es war Spätsommer, ich hatte gerade meinen Sohn in den Flieger gesetzt. Er war unterwegs zu einem Auslandsjahr in den USA. Zudem hatte ich meine Mutter beerdigt, die viel zu früh verstorben war, hatte mein Haus und das Haus meiner Eltern verkauft und meinen Job gekündigt. Das war ein großer Schritt. Das erste Mal weg aus meiner Heimat. Ich verließ ja nicht nur meine Heimat, sondern auch meine Familie, meine Freunde, mein gewohntes Umfeld, meinen Job. Das war alles viel – viel Veränderung.

Jetzt war sie da, in Sydney. Eine sanfte Brise strich über ihr Gesicht, als Anja näherkam, um jedes Detail in sich aufzunehmen. Die glatten, cremefarbenen Kurven faszinierten sie, und sie konnte nicht anders, als das Bedürfnis zu verspüren, das Gebäude zu umarmen, so als ob es ein lang verlorenes Familienmitglied wäre. Sie spürte, wie ihre Augen feucht wurden, und sie wusste, dass sie in diesem Moment eine Verbindung zu diesem Ort herstellte, die ihr für immer im Herzen bleiben würde.

Sie setzte sich auf eine der Bänke in der Nähe und sah zu, wie die Sonne langsam höher stieg und das Opera House in warmes Licht tauchte. Sie fragte sich, wie viele Geschichten dieses Gebäude wohl zu erzählen hatte, wie viele Träume es inspiriert und wie viele Emotionen es geweckt hatte. In diesem Moment fühlte sie sich als Teil von etwas Größerem, etwas Zeitlosem.

Einen Tag später, als sie wieder zum Circular Quay ging, sah sie, dass sich eine große Menschenmenge vor dem Opera House versammelt hatte. Es standen dort Pavillons, Menschen mit bunten Verkleidungen traten auf. Es zog sie – wie jeden Tag – an diesen magischen Ort. Sie setzte sich auf die Stufen und der Platz füllte sich langsam. Menschen kamen aus allen Richtungen. Es begann eine mystische Tanzveranstaltung, es traten verschiedene Gruppen von Aborigines und anderen Inselstaaten auf. Es waren viele bunte Kostüme zu sehen und es waren mystische Melodien zu hören. Sie schloss die Augen und ließ die Musik auf sich wirken. Es fühlte sich an, als würde die Musik direkt sich mit ihrer eigenen Seele verbinden.

Die Zeit verging, und Anja verharrte in ihrer Begeisterung, bis die Sonne langsam im Westen zu sinken begann. Die leuchtenden Lichter des Opera House wurden eingeschaltet, und es sah aus, als würde das Gebäude in den Abendhimmel aufsteigen. Anja wusste, dass sie diesen Anblick niemals vergessen würde.

Als sie sich schließlich auf den Weg nach Hause machte, fühlte sie sich erfüllt und zugleich ein wenig wehmütig. Das Opera House hatte sie auf eine Art und Weise berührt, wie es keine andere Sehenswürdigkeit zuvor getan hatte. Es war mehr als nur ein architektonisches Meisterwerk; es war ein Ort der Magie und Inspiration.

In den kommenden Jahren würde Anja oft an diesen Tag zurückdenken, an dem sie das erste Mal auf das Sydney Opera House blickte und sich von seiner Schönheit und Eleganz berühren ließ. Es war der Tag, an dem sie ihre Liebe zu Sydney und zu Australien entdeckte, und der Tag, an dem sie sich selbst versprach, dass sie eines Tages wieder hierher reisen würde.

Bevor es zu dieser Reise kam, lag ein langer Weg hinter mir. Ich heiratete früh, sehr früh, bekam Kinder, schmiss den Haushalt, organisierte das Familienleben. Wir bauten ein Haus und richteten uns in unserem Heimatort ein. Wir fuhren in den Urlaub. Irgendwann zwischen Windeln und Teilzeitjob wurde mir klar, dass irgendetwas fehlt. Ich fühlte mich ruhelos und unausgeglichen, merkte, dass noch Potenzial in mir steckt, welches gelebt werden wollte. Ich wurde immer unzufriedener mit mir und mit meinem Umfeld. Es kam mir vor, als würden mein Leben und ich in einer Schublade stecken. Irgendwann begann ich, diese Schublade zu öffnen und erkannte plötzlich, welche Möglichkeiten vor mir lagen. Es eröffnete sich eine ganz neue Sicht auf die Dinge. Ich entschied, einen anderen Weg einzuschlagen. Das führte allerdings auch dazu, dass ich von heute auf morgen allein auf mich gestellt war. Nun trug ich die Verantwortung für mich und meine beiden Kinder. Das war schwerer als erwartet. Wenn man die Menschen im Umfeld sagen hört: „Ich habe mich getrennt", denkt man nicht an die tatsächlichen ganz pragmatischen Konsequenzen. Es ist ganz schön anstrengend, alleine zu sein, Entscheidungen plötzlich alleine treffen zu müssen, den Kindern gerecht zu werden. Dazu kommt die finanzielle Situation.

Es gab Zeiten, da stand ich finanziell mit dem Rücken an der Wand. Nächtelang konnte ich nicht schlafen, weil ich keine Idee hatte, wie ich den Kühlschrank füllen sollte. Auf der anderen Seite war ich damals materialistisch eingestellt, ohne es zu ahnen. Ich hatte den Anspruch, in der Nachbarschaft mithalten zu müssen, kaufte mir Dinge, die ich mir eigentlich nicht leisten konnte. Ich lief gerne in der aktuellsten Mode herum, um dazuzugehören. Trotz dieser Bemühungen wurde ich irgendwann nicht mehr eingeladen. Ich ahnte nicht, dass mich dieses Verhalten daran hinderte, Vermögen und Selbstvertrauen aufzubauen. Irgendwann war es so weit, dass ich in meinem Haus an jeder Ecke die Sorge hatte, dass Reparaturen anfallen und ich diese nicht zahlen kann. Nachts macht die Heizung so unerklärliche Geräusche, dass ich oft im Keller vor der Heizung stand und betete, dass diese durchhalten möge.

Nach verschiedenen Erlebnissen und Stationen, vielen Ängsten und einschränkenden Glaubenssätzen fasste ich dann mit 47 Jahren den Entschluss, meine Heimat zu verlassen und auf Reisen zu gehen. Danach wollte ich an einem anderen Ort noch einmal ganz von vorne anfangen.

Aber einfach war das nicht.

Nach einem sperrigen Start im neuen Job und mit holprigen Umständen in der Beziehung und zudem noch mitten in der Coronazeit einen Neustart in die Selbstständigkeit hinzulegen, erforderte viel. Viel Einsatz, viel Disziplin, viel Kraft und Energie.

Deshalb ist es umso wichtiger, sich an die schönen Momente im Leben zu erinnern.

In den dunklen Stunden des Lebens sind es oft die schönen Erlebnisse, die Hoffnung schenken und Trost spenden. Diese besonderen Momente dienen nicht nur als Erinnerungen an bessere Zeiten, sondern sie haben die außergewöhnliche Kraft, unsere Stimmung zu heben und uns in schwierigen Momenten zu stärken. Deshalb ist es so wichtig, auf sein Herz zu hören, und Dinge zu tun, die unvergesslich bleiben.

Schöne Erlebnisse wirken wie ein leuchtender Faden, der uns durch die dunklen Gewitternächte führt. Sie geben die Kraft, weiterzumachen und nach vorne zu schauen, selbst wenn die Zeiten hart sind. Diese Momente können daran erinnern, dass das Leben voller unerwarteter Freuden steckt und man die Fähigkeit hat, auch aus schwierigen Situationen gestärkt hervorzugehen.

Anja ist eine Frau mit einem klaren Ziel vor Augen: Sie will Frauen dabei helfen, ihre finanzielle Bestform zu erreichen. Schon früh in ihrem Leben hatte sie selbst die Herausforderungen erlebt, die mit finanzieller Unsicherheit einhergehen können. Viele Jahre hat sie im Gefühl des Mangels gelebt. Doch anstatt sich entmutigen zu lassen, hatte sie sich dazu entschlossen, ihr Wissen zu erweitern und anderen Frauen zu helfen, ihre finanzielle Situation zu verbessern.

Mit einem großen Erfahrungsschatz und vielen Weiterbildungen begann Anja, Workshops und Seminare zu organisieren. Ihr Ansatz war ein ganzheitlicher: Sie wollte nicht nur über Budgetierung und Sparpläne sprechen, sondern auch das Selbstbewusstsein der Frauen stärken, wenn es um Geld ging. Sie ermutigte sie dazu, ihre eigenen finanziellen Ziele zu setzen und Schritte zu unternehmen, um diese zu erreichen.

Anjas Kurse wurden bekannt und Frauen jeden Alters und jeder finanziellen Lage meldeten sich, um von ihrer Expertise zu profitieren. Anja schuf eine unterstützende Gemeinschaft, in der Frauen einander motivierten und inspirierten. Sie teilt nicht nur Ratschläge, sondern auch persönliche Geschichten über ihre eigenen Höhen und Tiefen mit Geld, was die Frauen ermutigte, ihre eigenen Erfahrungen zu teilen.

Eines Tages traf Anja auf Emma, eine alleinerziehende Mutter, die sich in einer schwierigen finanziellen Lage befand. Emma fühlte sich überfordert von Rechnungen, Schulden und der Verantwortung, für ihre Kinder zu sorgen. Anja erkannte Emmas Entschlossenheit, aber auch ihre Unsicherheit. Sie nahm sich Zeit, um mit Emma zu sprechen, ihre Situation zu verstehen und gemeinsam einen Plan zu entwickeln.

In den nächsten Monaten arbeiteten Anja und Emma eng zusammen. Sie half Emma, ihre Ausgaben zu überdenken, Einsparmöglichkeiten zu finden und einen realistischen Schuldenabbau anzugehen. Gleichzeitig ermutigte Anja Emma, ihre Fähigkeiten und Leidenschaften zu nutzen, um zusätzliches Einkommen zu generieren. Emma begann, handgemachten Schmuck herzustellen, den sie online verkaufte – eine Idee, die sie nie für möglich gehalten hätte, bevor sie Anjas Unterstützung erhielt.

Die Zeit verging und Emma gewann immer mehr finanzielles Selbstbewusstsein. Ihre finanzielle Situation verbesserte sich merklich, und sie gewann an Selbstvertrauen. Sie hatte gelernt, wie sie mit Geld umgehen konnte, und war nun in der Lage, für die Zukunft ihrer Kinder zu sparen. Anja war stolz auf Emma und all die anderen Frauen, die sie begleitet hatte. Sie hatte nicht nur Wissen vermittelt, sondern auch Hoffnung und Ermächtigung. Ein weiterer Bonus war, dass die Kinder der Frauen durch die Weiterentwicklung ihrer Mütter profitierten. Es entwickelten sich im Alltag der Mütter Gespräche mit ihren Kindern, die vorher so undenkbar waren.

Anjas Ruf als Finanzcoach wuchs weiter. Trotz ihres Erfolgs blieb sie bodenständig und fokussiert auf ihre Mission, Frauen zu helfen, ihre finanzielle Bestform zu erreichen. Diese Frauen wurden von ihrer Botschaft inspiriert und begannen, ihre eigenen finanziellen Reisen anzutreten. Anja hatte eine Community geschaffen, die das Leben vieler Frauen veränderte.

The Oyster – die Auster

Seit Jahrtausenden gelten Perlen als Kostbarkeiten: In vielen verschiedenen Kulturen sind sie Symbole für Weiblichkeit, Schönheit oder Reichtum. Sie stehen für Vollkommenheit, im Buddhismus für Vollendung und Ewigkeit. Natürliche Perlen sind jedoch selten groß, exakt rund, makellos weiß und ebenmäßig schimmernd.

Gerade ihr Schimmer ist das besondere Merkmal der Perlen. Hervorgerufen wird er von Lichtbrechungen an den Rändern der Kristalle des Perlmutts. Ein Grund, warum sie früher unbezahlbar waren und noch immer wertvoll und kostbar sind.

Nachwort

Liebe Leserinnen und Leser,

wenn ihr diese Zeilen lest, habt ihr die letzte Seite von ‚Hab keine Angst vorm Leben' erreicht. Ich hoffe, dass euch die Geschichten ebenso inspiriert und bewegt haben, wie sie mich während der Entstehung dieses Buches berührt haben. Es war eine unglaubliche Reise, gefüllt mit Mut, Hoffnung und der unermesslichen Stärke von Frauen, die ihr Herz geöffnet und ihre Geschichten mit uns geteilt haben.

Ich bin zutiefst dankbar für jede einzelne Autorin, die ihre Geschichte beigetragen hat. Ihr Mut und ihre Offenheit haben dieses Buch zu dem gemacht, was es ist – ein kraftvolles Zeugnis der weiblichen Resilienz und Entschlossenheit. Jede von euch hat nicht nur eure eigenen Ängste überwunden, sondern auch uns alle daran erinnert, dass wir die Kraft in uns tragen, unser Leben zu gestalten und zu meistern.

Die Arbeit an diesem Buch war für mich eine besondere Herausforderung und zugleich eine Quelle der Stärke. Meine eigene Krankheit hat mich oft an meine Grenzen gebracht, doch die Geschichten dieser unglaublichen Frauen haben mir immer wieder Kraft gegeben. Sie haben mir gezeigt, dass es möglich ist, trotz aller Widrigkeiten weiterzukämpfen und dass jeder Schritt, den wir machen, zählt.

Ich möchte mich auch bei euch, liebe Leserinnen und Leser, von Herzen bedanken. Ihr seid der Grund, warum dieses Buch existiert. Eure Unterstützung, eure Offenheit und euer Mut, euch auf die Geschichten einzulassen, machen diesen Moment so besonders. Ihr seid ein Teil dieser wunderbaren Gemeinschaft, die wir durch ‚Hab keine Angst vorm Leben' geschaffen haben.

Dieses Buch soll euch daran erinnern, dass ihr niemals allein seid. Egal, welche Herausforderungen ihr im Leben begegnet, es gibt immer Hoffnung, immer Licht und immer einen Weg nach vorne. Die Geschichten, die ihr hier gelesen habt, sind Beweise dafür, dass es möglich ist, die Dunkelheit zu überwinden und dass wir alle die Kraft haben, Großes zu erreichen.

Von ganzem Herzen danke ich euch für eure Zeit, eure Emotionen und eure Bereitschaft, diese Reise mit uns zu teilen. Mögen die Geschichten in diesem Buch euch weiterhin begleiten, euch ermutigen und euch daran erinnern, dass ihr keine Angst vorm Leben haben müsst.

Mit tiefer Dankbarkeit und Liebe,

Noëmi Caruso
Herausgeberin

www.ingramcontent.com/pod-product-compliance
Lightning Source LLC
La Vergne TN
LVHW042255190726
843491LV00016BA/1484

* 9 7 8 3 3 8 4 2 5 2 1 7 3 *